クライマーのための
保持力強化
トレーニング

BEASTMAKING
ビーストメイキング

JN081337

ネッド・フィーハリー 著

木村 彩 訳

山と溪谷社

BEASTMAKING
A FINGER-FIRST APPROACH TO BECOMING A BETTER CLIMBER
by Ned Feehally
originally published in 2021 by Vertebrate Publishing, Omega Court, 352 Cemetery Road, Sheffield, S11 8FT, UK.

このスポーツの成長の速さときたら、やや理解を超えている。この10年だけを見ても、グレードの限界は打ち破られ、数々の若き天才たちが登場し、ハイレベルな専用トレーニング施設が誕生し、そしてオリンピック種目にまでなった。だが、なによりも驚くのは、クライミングが「クール」なスポーツになったことだ。そんなこと、一体誰が予想していただろうか。

クライミング界の成長とともに、多くの人々がプロたちに対して期待するようになったのが、「どうすればうまくなるか」という疑問に対する答えだ。その秘密を知りたがらない人などいないだろう。有名なコーチはどこにいる？ 調査研究に詳しい人は？ いちばん効果的なトレーニングプログラムはどこで買える？

しかしながら、クライミングというものは、数字や計算だけで語れるようなものではない。伝統的なスポーツとエクストリームスポーツの区分を超えたものだ。パフォーマンスとスタイルの追求をあらゆるレベルで両立させたスポーツであり、心の平静さと強靭さを必要とするものなのだ。

筋力や持久力という基礎的なレベルでは説明できない能力を、大量の研究結果やデータを使って説明しようと科学や研究が追いかけている、おそらくそういう段階に私たちはいるのだ。クライミングは身体能力に関わるものであると同時に、芸術表現の一形態でもある。

そうは言っても、多くの人にとっては、強くなるためには何をどうやってトレーニングすべきか、理解を深めたほうがよいことは確かだ。もちろん、よいクライマーになるのはそれよりも少し複雑なことだが。

ネッドがこの20年、魅了されてきたのは、エリートクライマーたちはなぜ優れているのか、どうやってトップクライマーになったのか、そういった複雑な問題を解きほぐすことだった。彼は妥協を知らない人間であり、学んだことはもれなく試してみただけでなく、そのすべてを丁寧に書き記してきたのだ。ネッドは実践的な人だ。現実主義者であり、トレーニングに関しては自ら認めるオタクだ。

本書を読むにあたっては、向上への強い思い、学んだことに対する真摯な取り組み、そして目標を達成するという信念を忘れないでほしいと思う。

ショウナ・コクシー

ショウナ・コクシー。英リバプールのジム、クライミングハンガー・マッチワークスにて © RED BULL CONTENT POOL

序章

　本書を手にしたということは、おそらく、あなたはクライミングがうまくなりたくて、そのための努力であれば惜しまないつもりなのだろう。

　すばらしい。あなたの態度は正しい。

　こう言っては何だが、クライマーたちは、上達の近道ばかりを探してはいないだろうか。コーチにお金を払えば勝手にうまくなるだろうと期待したり、オンラインのトレーニングプログラムに課金すればグレードが上がると思い込んでいたり。それと同じように、フィンガーボードも、喜々として購入し自宅に設置まではするものの、活用方法を考えたり実際にトレーニングをしたりするにはそれなりの努力が必要であることに、その時点では気づいていない。所有しているだけで得られることなど高が知れているのだ。

　だが一方で、上達を**本気**で願いながらも、具体的にどうすればいいのか、また何から始めればいいのかよくわからずに苦労している人もいるだろう。

　本書の狙いは、あなたに必要なトレーニングは何か理解してもらうこと、そして、実際のトレーニングに役立ててもらうことだ。データや専門用語などは使わないようにしたし、どこに何が書いてあったか、いちいち読み返

したりしないで済むようにもした。本書を通じ、トレーニングのための新しいアイデア、知識、インスピレーションを得てくれることを願う。

　ただし、最初にはっきりさせておきたいことがある。上達に近道はない。本書には魔法の公式など書かれていない。そんなもの、そもそも存在しないのだ。

　世間ではトレーニングに関して、科学やデータに基づいた情報が増えてきている。だが、クライミングは比較的新しいスポーツであり、科学的な研究成果はまだとても少ない。言ってみれば、研究が進むとともに、これまで40年間クライミングの現場で収集されてきた知見に、科学的な裏打ちがされている段階にあるというわけだ。

　本を執筆するときは、文献の引用を多用しておくと賢そうにみえるかもしれない。だが、はっきり言って、読者の大多数は別に研究のために読みたいと思っているわけではないだろう。私自身は巷にあるデータの詰まったトレーニング情報を興味深く読めるが、みながみな、そうではないこともよくわかっている。もし、確かな事実、科学、文献といったものを探しているのであれば、さらに別のものも読んでみることをすすめる。私の経験上言え

るのは、クライマーが知りたいのは、何をするのがベストなのか、もしくは単に始めるためのヒントやきっかけであって、トレーニングプロトコルの本質や詳細についてはあまり気にしていない。したがって、科学に首を突っ込みすぎるのは避け、私がこれまで読んだものや長年にわたり実践してきたものを精査し、そのなかから有用で使えそうな情報を抽出し、できるだけシンプルに伝えるようにした。

　幸運にも、これまで私は世界屈指のクライマーたちと登り、トレーニングをする機会に恵まれた。私はトレーニングによって向上していくことに一途に、そして飽きることなく魅了されてきた。そして常にアイデアや新しい情報を探し求めており、ほかのクライマーと登っているときも可能なかぎり情報を吸収できるよう努めている。いつも面倒なヤツだと周囲に思われてないといいのだが。

　私が特に魅了された最強クライマーたちは、強みも弱みも実にさまざまだ。みなタイプが異なり、トレーニング方法も上達の仕方もそれぞれ微妙に違う。結局のところ、最強のクライマーというのは正しいメンタリティーや正しいマインドセットを備えた者であって、必ずしも身体的に最強であるというわけではないのだ。クライミングの習熟度を高めるには、人よりも懸垂回数を増やしたり、人よりも小さなホールドにぶら下がったりするだけでなく、クライミング能力全般にわたって小さな改善を積み重ね、弱みを取り除いていくことが必要なのだろう。

　本書に書かれていることはすべて、私自身の経験――および、知識豊かな人々との長い長い議論――に基づいている。そして、私（お

よび知人ら）にとって長年にわたり効果があったものについては特に強調した。あなたにとってもそれが有効であることを願う。

> トレーニングには、
> 正しい答えも間違った答えもない。
> 人はみなそれぞれ異なる。
> あなたのことは、あなた自身で
> 試さなければわからない

私自身のことについて

　自分が才能のあるクライマーだとは思っていない。クライミングを始めたのは9歳のときだが、本格的にのめり込んだのは、確か16歳になってからだ。そのころから真剣にトレーニングを始め、自分がそれなりに強くなり、かなり登れているなと感じるレベルに達したのは26歳ごろだ。

　言いたいのは、あふれる才能を持って生まれたわけではないということだ。誰にも負けないパワー、柔軟性、体力を持ち合わせているわけでもないし、技術面で天賦の才に恵まれているわけでもない。しかし、熟考を積み重ね、トレーニングを積み重ね、少しずつステップアップしていくなかで、時には難しい岩の課題を登ることに成功し、コンペでもそれなりの結果を少しは残すことができた。

　私の最大の強みは、トレーニング計画を立てて、徹底的に自分を追い込むことができる能力だと思う。自分のクライミングに有益であり、オールラウンドなボルダラーになるという目標に役立つことについては、常に自分を追い込んできたし、苦しいと感じたこともない。今でもそうだ。これは間違いなく、身

英スタニッジのThe Aceを登る筆者　© NICK BROWN

2019年IFSCクライミング世界選手
権（八王子）で奮闘するショウナ・
コクシー　© BAND OF BIRDS

体的な強さではなく、メンタルの強さによる
ものだ。また、自分は我が道を行くタイプの
人間でもある。何か役立つと思うトレーニン
グ方法があれば、全力で試してみる。たとえ、
ほかの人々が馬鹿げたものだと思っているこ
とでも。

　その結果、何年にもわたって少しずつ強く
なり、技術も向上した。そして、若かりしこ
ろに夢見ていたものをはるかに超える成果を
得ることができた。トレーニングをすれば誰
でも第二のアダム・オンドラになれると言っ
ているのではない。誰でも、少し──場合に
よっては、たくさん！──努力すれば、それ
なりのレベルに達することができると言いた
いのだ。秘訣は、長丁場を制すること。あっ
という間に上達することなどない。だが、楽
しみながら取り組むことができれば、きっと
着実に向上していけるだろう。

||||||||||||||||||||||||||||||||||||||||||||||||||

　本書では、私自身の経験だけでなく、私の
よく知る人間の事例も盛り込んだ。私よりも

小柄で体重も軽く、なおかつ、生まれつきの
強い指と、非の打ちどころがないといってよ
いほどの技術を持つ人だ。

　ショウナの配偶者の立場から語るのならば、
彼女はとにかく素敵で、気立てがよく、寛大
で、すばらしい。彼女を誇りに思うし、私を
成長させてくれる存在でもある。ただ、本書
の目的にとっては、世界屈指のクライマーだ
と言えば十分だろう。ふう……。ショウナの
クライミング歴は20年以上になる。コンペ
を中心に登っており、ボルダリングワールド
カップでの優勝経験は11回（総合優勝2回）、
オリンピック代表にもなっている。岩場で
Font 8b+/V14を登っており、これは女性で
は世界で2番目だと思われる。メンタル面で
は非常にタフで、しかも頑固（ありがたいこ
とだ……）。そして、信じられないくらいハ
ードなトレーニングをこなす。

　彼女が私の最大のファンであることは間違
いないのだが、本書を執筆してはっきりとわ
かったのは、最も厳しい批評者でもあるとい
うことだ。

謝辞

このプロジェクトに力を貸してくれたすべ
ての方々に、多大なる感謝を申し上げる。特
に以下の方々には心からお礼を言いたい。

ポール・ホウホギー氏には、解剖学やケガ
に関して多くの意見をいただいた。込み入っ
た議論においても常に的確な見解を示してく
れた。

ストゥ・リトルフェア氏には、持久力の
章を執筆するにあたり、その豊富な知識を惜
しみなく与えていただいた。

ウィル・アボット氏のおかげで、当初はま
ったくもって曖昧だったコンセプトの輪郭を
定めることができた。

ジェリー・モファット氏は、トレーニング
史の執筆にあたってご教示いただいただけで
なく、筆が進まずキーボードの前で悶えてい
るときにも励ましてくれた。

ダン・ヴェリアン氏、デイブ・ボワリング
氏、エルシー・バトラー氏らのおかげで、「ビ
ーストメーカー」での「ワーク」が世界一楽

しい仕事になった。

ニック・ブラウン氏には、これまでもすば
らしい写真を撮影していただいたが、本書の
製作にあたって、いっそうの力添えをいただ
いた。

マーティン・スミス氏は、長年にわたり、
多くのファンセッションで、さまざまな場面
を写真に収めていただいた。

グレイシー・マーティン氏とキーラン・マ
ーサ氏は、面倒なモデルの役目を快く引き受
けてくれた。ケーキもたくさん焼いてくれて、
おかげで頑張ることができた。

クライミングハンガーとデポークライミン
グでは、そのすばらしい施設にお邪魔して、
撮影に使わせていただいた。

ジョン・コーフィールド氏には本書のプロ
デュースを、ジェーン・ビーグリー氏にはデ
ザインをしていただいた。

両親にはいろいろと感謝している。両親の
おかげで、本を書くことは気負うようなこと
ではないと思えた。

ショウナには、何から何まで感謝している。

11

英カーバーエッジのGreat Whiteを登るジェイムズ・プレイ　© NICK BROWN

01
トレーニングの
基本原理

スイス・キロニコのBig Pawを登る筆者
© MARTIN SMITH

なぜトレーニングをするのか

クライミングで何を得たいのか、立ち止まって考えてみたことはあるだろうか。

単純にクライミングを楽しみたい。全体的に向上したい。オールラウンドなクライマーになりたい。狙っているボルダー課題やルート、ツアーのために鍛えたい。オリンピックでメダルを取りたい。エル・キャピタンをフリークライミングで登りたい。とにかく片手懸垂ができるようになりたい。トレーニング自体が好き。

どの目標も正しい。目標とはそういうものだ。極めて具体的なものでもいいし、ざっくりとしたものでもいい。大きな目標がひとつかもしれないし、小さな目標が複数かもしれない。クライミングのすばらしいところは、誰でも何かしらの目標が持てるということだ。しかしながら、どの目標も、実現に至る道はひとつではない。そのなかから最も効率のよい道を見つけるのが、実は大変なこともある。

目標は何であってもかまわないが、現実的で達成可能なものにすることが重要だ。そうでなければ、単なる夢になってしまう。たとえば、あなたが現在Font 7a/V6が登れてい

るとして、1年後にはFont 8b/V13を登れるようになりたいと決めたとしよう。ところが、あなたにはフルタイムの仕事があり、家族との時間も忙しい。この状況では、おそらく目標の実現はないだろう。さもなくば、家庭内に深刻なトラブルを抱えることになるかもしれない。

目標達成のためのトレーニングを自分の生活にどうやったら組み込めるか、よく考える必要がある。どこまでなら目標のために犠牲を払えるのか。その目標は自分にとってどれほど大切なものなのか。

自分の得意不得意も、目標を基準にして評価できるようにしておく必要がある。そうすることによって、目標到達のためにどのくらいの時間を割かなければならないかが見えてくるからだ。あくまでも達成したいことにフォーカスしたトレーニングをすることが大切だ。そうでないと、時間を無駄にすることになる。目標を持つことが上達に欠かせない理由は、それが努力を重ねるモチベーションになるからだけでなく、目標達成のために何を向上させる必要があるのか見定める判断基準にもなるからなのだ。

私自身はというと、ずっと、オールラウン

ドなボルダラーになりたいと思ってきた。それが私の究極の目標だ。世界中のクライミングエリアを旅し、最高のボルダー課題を登れるようにしておきたい。

私は自分自身に小さな目標をいくつも課すようにしている。トレーニングセッションやツアーのたびに目標を設定している。自宅の壁には、何年も前から目標となっているプロジェクトもある。しかし、それらの中心にある最も重要な目標は常に変わらない。あらゆるクライミングスタイルにわたったオールラウンドな技術を持つクライマーとなれるよう、弱点克服のための能力評価には常に時間を割くようにしている。

自分にとってクライミングの何が楽しいか

といったら、問題を解いていくかのようなところだ。きっちり同じムーブを何カ月もずっと繰り返し試すのは、楽しいと思ったことがない。こういったクライミングスタイルが好まれる理由もわかるが、私にとってはその日その場所で出会ったボルダー課題にトライするほうが楽しい。コンペが好きだった理由もそれだと思う。あらゆるクライミング能力を試す究極のテストだからだ。コンペクライミングでは、クライマーたちの強みを見せつけると同時に弱点をさらすことにもなる。どんなスタイルを要求されても対応して登らなければならない、そういう挑戦が好きだった。岩場でのクライミングも同じアプローチだと思っている。

「トレーニング」とは何か

取りかかる前に、トレーニングとは何かについて、一般的な定義を見てみよう。

身体を物理的あるいは精神的ストレスに意図的にさらすことにより、適応能力を向上させ、徐々にそのストレスに対応する能力を高めること。

[トレーニングに必要な要素]

過負荷：筋力獲得のためには、身体がつらいと感じる強度でトレーニングする必要がある。

漸進性：筋力を向上させるためには、刺激を与え続ける必要がある。同じ運動を同じ強度で何度繰り返しても向上しない。

反復性：身体はすぐにはトレーニング刺激に適応しない。向上につなげるためには何セッションも運動しなければならない。

回復：身体を適応させ強くするためには、

そうするための時間を身体に与えなければならない。身体を修復し回復させるためには、各セッションの間にレストする必要がある。レストが不十分だと、身体がそのトレーニングに適応できない。その結果、ケガにつながったり、バテてまともに登れなくなってしまう可能性がある。

特異性：身体は行なっているエクササイズに適応するのであって、それ以外のものに適応することはない。一生懸命に取り組むのはよいが、それがクライミングに特化したものでなければ、クライミングが上達することはない。

[トレーニングをやめるとどうなるか]

可逆性：トレーニングによって向上した身体特性は、トレーニングをやめれば元に戻る。すぐに戻るわけではないが、鍛えた筋力が使われなくなると、身体が徐々に「脱トレーニング」をし、その筋力が失われていく。

© MARTIN SMITH

クライミング、トレーニング、生活

　世にあふれたトレーニング情報でよくある問題は、時間、設備、資金、モチベーションが無限にあるという、ありもしないような人間を想定して語られていることだ。もし、あなたがそういう人間であれば、いつどのようにトレーニングするか、何を食べるか、いつクライミングするか、いつ理学療法士に相談するかなど、いずれも簡単に最適化できるだろう。というか、本当にあなたがそういう人間なら、ほぼすべての時間をクライミングに費やすべきだ。絶対に上達するだろうし、そのプロセスも存分に楽しめるだろう。

　だが現実には、生きていく上でいろいろとやらなければならないことがある。このことは、クライミングのポテンシャルを最大限に引き出すことを妨げる最大の制約要因となる

ことが多い。とはいえ、これが悪いことだというわけではない。クライミングは人生のほんの一部であり、もし私たちが岩登りしかしてなかったら、この地球上でこれほど充実した時間を過ごせなくなるだろう。本書が「普通の」人々にとって、日常生活を犠牲にすることなくクライミングから大きなものを得る手助けとなることを願う。

クライミングにとって
最高のトレーニングは、クライミングだ

　トレーニングの話に入る前に、重要な警告をしておきたい。

クライミングのための
　トレーニングをしても、
　　よいクライマーになれる保証はない

クライミングは底なしに複雑なスポーツだ。単に保持したり、全力でホールドを引いたりすればよいというものではない。あらかじめ決まった手順や動きを習得して、それを適宜使うというような、クローズドスキル〔他者や外的要因に左右されない、型のある技術〕のスポーツではなく（スピードクライミングなら話は別だ。あれはまさにクローズドスキルのスポーツだ）、習得すべき動きが無限にあるオープンスキル〔他者や外的要因に対応することが求められる技術〕のスポーツであり、身体全体の筋力を必要とするものだ。

昔から「クライミングにとって最高のトレーニングは、クライミングだ」だと言われているが、この言葉は本質的に正しい。クライミングに費やす時間が多いほど、多くのことを学び、身体がより適応し、うまくなる。

しかしながら私は確信しているが、クライミング能力を高める最善の方法はたくさん登ることに加えて、上達のスピードを上げるべく、焦点を絞ったトレーニングをすることであり、願わくばそれによってケガのリスクをできるだけ低くすることなのだ。

クライミングの主な身体的要素

私の考えでは以下のものがある。（順不同）

指の力／グリップ：保持力のこと。クライミングでは常に最重要要素である。ホールドを保持できなければ、次のムーブを起こしようがない。また、つかんだホールドが大きいと感じられれば、次のムーブで大きな動きが可能となる。

フットワーク：登りながら足に体重をかける能力。足を乗せるだけでなく、できるだけ体重をかけられることが大切である。

柔軟性／可動性：そのムーブにとって最も効果的なポジションに体を置ける能力。クライマーは体が柔らかすぎて困ることはない。

連動性：すべてを同調させながら動ける能力。これによって無駄な動きを最小限にして、ほとんど意識せずともなめらかに登れるようになる。これ自体を「トレーニング」することは難しい。何年も登り込み、目的をもって練習することによって培われるものだ。

体幹の強さ：下半身を正しいポジションに置き、それを維持したまま上方へ移動する能力。肩、腹、腰、臀部の力に由来するが、同時に爪先から指先まですべてが関わることもある。誤解されがちだが、腹筋運動ができることや、腹筋が割れているかどうかということではない。

引きつけ力：ホールドからホールドへ移動する能力。主に腕、肩、背中の力に由来する。

プッシュ力：ホールドを下に向かって押しつける能力。主に脚に由来するが、グルーブ〔浅い凹角〕やマントル、最近のコンペでよく見られるボルダー課題などでは、腕が重要になることもある。

このほかにも、ムーブの技術、確固たる決断力、強い精神力が必要なのは言わずもがなであるが、これらをまともに扱おうとしたら、それだけで一冊の本が必要となるだろう。

遺伝的性質

　人はみな異なる。形もサイズもさまざまだ。私たちの人生では、なにかにつけて、その出来不出来に遺伝的性質の影響がついて回る。クライミングも例外ではない。

　あなたも私も、人より多くトレーニングをすれば世界一のクライマーになれるという保証などない。トップクラスの世界では、多くのクライマーが並々ならぬトレーニングを行なっている。だが、そのなかで本当のトップになれる者はごくわずかだ。ひとりひとり、与えられた技量が異なり、それがクライミングに適している場合もあれば、そうでない場合もある。

　腕がとても長い、生まれつき身長のわりに体重が軽い、特に鍛えているようには見えないのに指の力がとんでもなく強い、いつでも簡単に片手懸垂ができてしまう。これらはすべて、クライミングに役立つ特性だ。だが、クライマーでなければ、必ずしもありがたいとは思わないだろう。問題は、自分が持って生まれた能力は何なのか、自分の体がクライミングにどれだけ適しているのかということが、本気で取り組み、限界を見極めようとするまでは必ずしも明らかにはならないということだ。

　手持ちのカードを最大限に活かすことこそが、私たちが取り組むべき課題だ。一番になれるような能力を遺伝的に持ち合わせていようといまいと、クライミングによって大きな喜びを得ることには関係ない。本当におもしろいのは、自分が持てるものでどこまでやれるか見極めることであり、また、その過程を楽しむことである。手駒を効果的に采配する

にはどうすべきか学び、自分の強みと弱みを、自分にとって不利にではなく、有利に働かせることが必要なのだ。

　すでに述べたが、自分自身、遺伝的にそれほどクライミングの才能に恵まれているとは思っていない。生まれつき腕がわりと長く、肩幅が広い（両親に感謝）が、体重はもともと（クライマーとしては）重いほうであるし、手汗もかきやすい。これらは必ずしもハードなクライミングに理想的な特性とは言えない。

　ありがたいことに、労働を善しとする倫理感、粘り強さ、勤勉さ、忍耐力などには天性のものがある上、両親もそれを伸ばすよう育ててくれた。さらに、なにかにつけて完璧主義なところもある。以上のようなメンタル面での特性は、これまでとても役立ってくれた。場合によるが。

　私が子どものころから一緒にクライミングをしていた友人に、身体的に私と正反対の人がいる。痩せていて体重が軽く、体力があり、生まれつき指が強く、しかもハンサム、などなど。彼は大した苦労もなく、指一本の片手懸垂を軽くやってのけた。すばらしいトレーニングパートナーだ。だが結局、クライミングは彼にとってそれほど真剣に取り組むべきものとはならなかった。心の底から打ち込むこともなく、彼のポテンシャルに見合うほどのことを達成することもなかった。別に悲しいことではない。彼は今までも、そしてこれからも、いいやつだし、クライミングを存分に楽しんでいる。

　ショウナはかなりクライミング向きの遺伝的特性を持っていると思う（かといって、練習をおろそかにしているわけではない）。腕が長く、生まれつき指が強く、メンタルも非

英スタニッジのCareless Torqueを登る筆者　© JOHN COEFIELD

ウェールズ・パリセラケイブのPilgrimageを登るショウナ・コクシー　© NED FEEHALLY

常にタフだ。トレーニングにも人一倍早く適応できる。新しい練習でも数セッションこなすだけで、みるみる上達するのだ。身長が低いので遠いムーブを苦手とすることはあるが、強傾斜での小さなホールドや、狭い足のムーブではまさに無敵だ。

　自分の遺伝的な強みと弱みが何であるのか、見極めておくとよい。できないことがあっても理由がわかるし、なにかが簡単だと感じることがあっても勘違いしないようになる。弱点を鍛えるべきか、強みでこなすべきか、判断することができる。自分に合った課題を登

るのは最高だが、苦手なことを正確に把握しておくことも、トレーニングにプラスになるのだ。

　クライミングのすばらしいところは、探求の道が千差万別であり、パターン化されていないところだ。だからこそ、誰にとっても得るものがあるのだ。

ハードなクライミングは
誰にでも可能なのか

　私の考えでは、平均的なクライマーでも、固い決意とよい設備があり、ケガをしないで

トレーニングすることができれば、それなりのレベルにまで達することができる。しかし、誰でも 9a/5.14d や Font 8b/V13 やそれ以上を登ることができるだろうか。

いや、おそらく無理だ。

遺伝的、身体的には可能であっても、精神面での強さが足りない──モチベーションが低い──とか、時間やお金がない、という人は多いのではないだろうか。逆に、強い精神力を持ち合わせながら、ハードなクライミングに必要な生理学的特性に欠けている人もいる。

平均的なクライマーのいちばんの制約要因は、身体的なものではなく、メンタル的なものだ。よいクライマーになりたいという「志」は持ちたがるくせに、そのための「努力」をしたり、実現のために生活を変えようという覚悟がない人は多い。だいたい、最も優れたクライマーというのは、最も一生懸命努力する覚悟がある人たちのことなのだ。

あなたが生理学的に外れ値に位置しているとしよう。たとえば、とりわけ背が高い、あるいは低いなどであれば、（自分の身体に適したプロジェクトに出会えれば）人よりも早く、最大レベルに到達できるだろう。しかし、あなたに合ったものがなくなれば、おそらく伸び悩むのも早い。さらに上をめざしてハードなクライミングを続けるためには、自分の

弱みを補う努力をする必要が出てくるだろう。

生理的なものであれ心理的なものであれ、あらゆる遺伝的特性はベル型曲線を描いて分布する。カーブの中央部、第50百分位数付近が最も多く、そこから遠ざかるほど人数が減る。

クライミンググレードは絶対的かつ正しいものだと思われがちだが、そんなことはない。グレードはさまざまな完登者の主観的評価に基づいている。登られれば登られるほど、そのルートなり課題なりの難易度のコンセンサスが得られ、グレードも定まっていく。

つまり、グレードというのは、平均的な完登者を基準にしたものなのだ。あなたが平均から外れていれば外れているほど、グレードというものはあなたに当てはまらなくなる。一部のハードな課題については、平均的な人よりも外れ値に位置する人のほうが簡単に登れてしまうかもしれない。しかし、外れ値の人は、自分の身体のタイプに合ったものは圧倒的に少なく、むしろ大部分は平均的な人よりも難しく感じるかもしれないのだ。

それに対し、平均的な人は理論上は登れる課題がずっと多い。しかしおそらく、とりわけ簡単だと感じるものも少ないだろう。

よく挙げられる例が身長だ。長身痩躯のクライマーと平均的なクライマーが一緒に登っているとしよう。長身のほうのクライマーは、

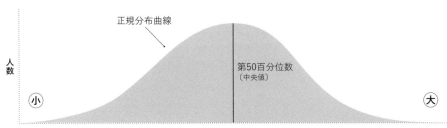

正規分布曲線

人数

第50百分位数
〔中央値〕

小　　　　　　　　　　　　　　　　　　　　大

遺伝的特性

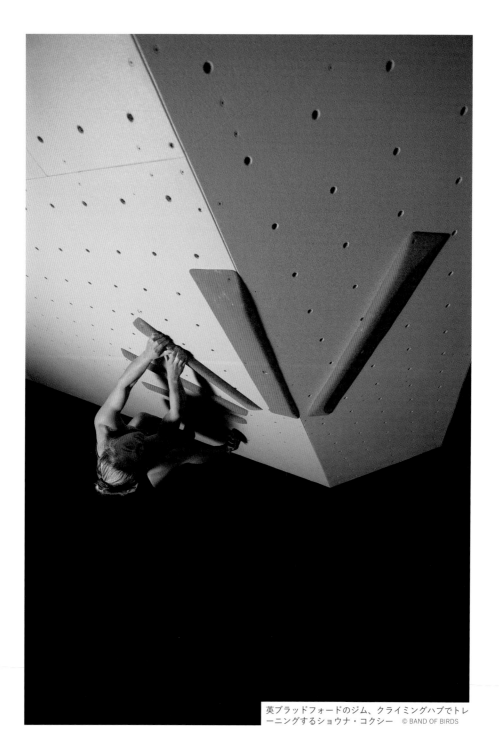

英ブラッドフォードのジム、クライミングハブでトレ
ーニングするショウナ・コクシー　© BAND OF BIRDS

スラブや垂壁、リーチムーブやダイノなどは平均的なクライマーよりも当然、簡単に感じるだろう。逆に、平均的なクライマーは狭いムーブや強傾斜の課題、乗り込みやトウフックについて、長身のクライマーよりも簡単に感じるかもしれない。

また、指の太さ、肩幅、親指の長さ、胴の長さ、脚の長さ、度胸、気合——挙げればキリがないが——などの特性も、人それぞれであり、その課題が難しいと感じるかやさしいと感じるかを左右するものである。

近年、クライミングの隆盛に伴い、トレーニング施設は進歩し、人々の知識も豊かになった。最難グレードの更新は落ち着いてきているものの、平均的なクライマーのレベルは飛躍的に高まっている。

今、ロッククライミングの最前線で制約要因となっているのは、とんでもなく難しいが不可能というわけではない、という岩を探し出すことではないだろうか。しかも、それが初登者となる人の形態学に適合していなければならないのだ。当たり前だが、岩登りの難易度は自然の気まぐれが決める。数百万年にわたる浸食が必ずしもすばらしく、ハードな課題を用意してくれるとは限らないのだ。

ひょっとしたら、ハードなクライミングは将来、純粋なインドアになるかもしれない。インドアであれば、理論上は難度に限界がなく、微調整もできる。おまけに世界中で再現可能なので、誰でもトライすることができるようになるのではないだろうか。

基礎的なトレーニング用語

筋力：抵抗に対して身体が発揮できる力の大きさ。

パワー：筋力×スピード。つまり、筋力を素早く発揮する能力。

筋動員力：ひとつの筋肉のなかでいくつの運動単位が働いているかという基準。働いている運動単位が多いほど、筋肉は大きな力を発揮できる。

神経筋：神経および神経が支配する筋肉に関するもの。筋肉は、神経が命令したときだけスイッチが入り、力を発揮できる。

密度：結合組織や筋肉の断面に関するもの。

アイソメトリック：静的すなわちアイソメトリックなエクササイズとは、関節周辺を動かさずに筋力を使うもの。

プライオメトリック：筋肉に最大の力を瞬時に発揮させるもの。

レップ：エクササイズの1回分のこと。たとえば懸垂1回、フィンガーボードぶら下がり1回など。

セット：レップとレップの間に一定のレスト時間を入れた、ワークとレストのサイクルのこと。

負荷：エクササイズをするときに働く抵抗の総量。

有酸素性：エネルギーを作り出すために酸素を必要とする性質。

無酸素性：エネルギーを作り出すために酸素を必要としない性質。

ホールドとグリップ：ホールドとは、つかむ対象のこと。グリップポジションとは、持つために指なり手なりを特定の形にした状態のこと。たとえば極小のインカットホールドには、クリンプ〔カチ持ち〕のグリップを用いる。

クライミングトレーニング小史

　ジェリー・モファットの協力を得て、この数十年を振り返り、クライミングトレーニングの歴史について概説してみた。わずか数十年でここまで進化してきたものかと、なかなか感慨深い。トレーニングテクニックもクライミングのスタイルも、初期のころから少しずつ進歩してきたことがおわかりいただけるだろう。

1950年代、1960年代

　ジョン・ギルはクライミング、なかでもボルダリングを単なる登山のためのトレーニングではなく、体操的な追求の対象であると考えた。ボルダリングには、単に難易度だけでなく、芸術的な価値があるとしたのだ。彼はチョークの使用を導入したり、体操選手として学んだ筋トレなどのトレーニング方法をクライミングの世界に持ち込んだ。60年代に、なんと片手フロントレバーをやっていたのだ。

1970年代後半

　懸垂をしたり、石造りの建物でトラバースをしたりするのが主なトレーニングだった。ジム・コリンズが当時の世界最難ルート、米エルドラド・キャニオンのジェネシス（Genesis 5.12＋）を初登したが、この登攀のために彼が行なったトレーニングは石造りの建物のトラバースだった。

1980年代前半

　ジョン・バーカーがヨセミテのキャンプ4

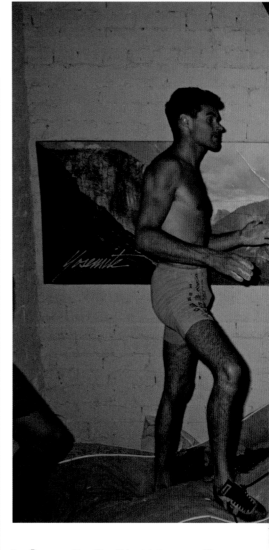

に、「フィンガーボード」でトレーニングエリアをつくり、「ガンスモーク」と名付けた。いい名前じゃないか。バーカーはもともと棒高跳びの選手で、ジョー・ダグラスの指導を受けていた。ダグラスは、後にカール・ルイスのコーチも務めた人物だ。このような経歴はバーカーに影響を与えた。フィンガーボードのトレーニング方法を自ら確立し、スポー

ハードなトレーニングをするジェリー・モファットとベン・ムーン。1990年代 © JERRY MOFFATT

ツ選手のトレーニング方法をクライミングに広く応用した最初の人物だと思われる。

　モファットはアメリカを訪れてバーカーと登った。そしてバーカーのアイデアの多くをイギリスに持ち帰った。

　このころボルダリングは、ルートクライミングのためのトレーニングとして登られているにすぎなかった。

1980年代後半

　独ニュルンベルクでは、ウォルフガング・ギュリッヒとノルベルト・サンドナーが最初のキャンパスボードを考案した。その後、自分自身のボードを作る人も少しずつ現われていった。モファットも訪れ、そのキャンパスボードにホールドを付けて、単にラング〔横木〕を登るだけでなく、課題も作れるようにした。

キャンパスボードを登るジェリー・モファット
© JERRY MOFFATT

起を作った。

1987年にモファットはフィンガーボードを自作し、トレーニングやツアーに向けて筋力の状態をテストするのに使った。ボードには10mmと20mmのエッジ、数個のフィンガーポケットが設置されており、懸垂や片手ハングなどに使った。このフィンガーボードは、ニュルンベルクにある最初のキャンパスボードの裏に、いまも打ち付けられている。

1990年代前半

世界中で商業用のクライミングウォールが作られるようになった。樹脂ホールドが簡単に手に入るようになり、ボルダーもルートも、課題のセットが変えられるようになった。

樹脂製のフィンガーボードも手に入るようになった。

クライマーたちは、昔ながらの垂壁ではなく、強傾斜の壁を登れるような強さをめざし始めた。

マルコム・スミスは自宅に壁を設置してトレーニングをした。当初7c+/5.12cdレベルだったのが、わずか2年ほどで、当時の最難ルートのひとつ、英レイブントーのハッブル（Hubble 9a/5.14d）を再登するまでになった。

ギュリッヒは、キャンパスボードで一本指や二本指でのトレーニングに励んだのち、アクシオンディレクト（Action Direct 9a/5.14d）を初登した。

1990年代後半〜2000年代前半

商業用クライミングウォールが発展を続け、もはや珍しいものでなくなる。それに伴い、クライミングを始める人が増えていった。このころまではクライミングをするのはもっぱら大人だったが、突如として若い世代が登場し始めた。クリス・シャーマはそのような若

英シェフィールドでは、地下室に自宅ウォールが設置され始めた。当初のウォールはキャンパシングできる水平ルーフだった。アイデアとしてはこうだ。もしも足を使わずに登れれば、外で岩に足を乗せたときに簡単に感じるのではないか。だが、すぐに、足を使って登るほうが効果的だということがわかった……。

モファットは自宅の地下室に135度のボードを設置した。これまで使用したなかで「まさに最高のトレーニング器具」だったという。当時は樹脂ホールドが手に入りにくかったため、モファットは木製ホールドを作った。また、悪いフットホールドでトレーニングするために、ボードにネジを打ち込み、ネジの頭部に樹脂を塗って、立ち込むための小さな突

き天才のひとりだ。彼は2001年、世界初の9a+/5.15aである、仏セユーズのリアライゼーション（Realization/Biographie）を登った。

また、ボルダリングが、それ自体でスポーツとして受け入れられるようになる。2000年には、フレッド・ニコルが世界初のFont 8c/V15である、スイス・クレシアーノのドリームタイム（Dreamtime）を登った。

ダウントウのクライミングシューズが登場し、強傾斜の壁が登りやすくなっていった。

2000年代後半

現在見られるような巨大クライミングウォールが造られるようになる。「ビーストメーカー」がフィンガーボードの製造を開始。長年ひっそりと行なわれてきたトレーニングが、広く一般のクライマーに受け入れられるようになった。フィンガーボードトレーニングはもはやオタクたちの専売ではなくなり、多くの人が手を出せるものになっていった。

クライミングスタイルも変化した。もっぱらオーバーハングをクリンプで登っていたスタイルから、形状に合わせた登りを追求するスタイルへと変わっていった。

シューズの進化に伴い、難しいヒールフックやトウフックも可能になり、クライマーにとっての可能性がさらに広がっていった。

2010年代前半

エバ・ロペスが指の強化トレーニングに関する科学論文を発表する。おそらくクライミングのトレーニングが科学的に研究されたのはこれが初めてのことだと思われる。インターネットがトレーニングのための貴重な情報源となる。いろいろとありすぎではあるが。

トレーニングボードが一般的になり、大規模クライミングジムの多くに設置されるようになった。

それまでのような「握り込んでスタティックにいく」スタイルよりも、もっとダイナミックなスタイルが発展し始める。

2010年代後半

怪物たちが台頭する。クライミング人口の増加により、人間離れした強さのクライマーが次々と現われる。10年前ではほとんど見られなかったような力業が、普通の光景となる。

「ビーストメーカー2000」が最初に作られたときには、下段中央のエッジで片手ハングができる人はほとんどいなかったが、今やみな、20kgのウェイトを追加してもぶら下がれるようになった。クライマーの平均的な筋力は10年で驚くほど上昇した。また、クライミングを始める年齢が低下したため、強さに加えて、技術についても時間をかけて驚異的なレベルまで育てていけるようになった。

2020年代前半以降

未来はどこへ向かうのだろうか。岩登りの難易度とは、自然の気まぐれによって決まるものである。クライミング技術が上がるにつれ、十分に難しいが不可能なわけではない、という岩を見つけるチャンスはどんどん少なくなっている。

本稿を執筆している現在、クライミングはオリンピックでの初舞台が予定されている（延期されたが）。これには賛否はあれど、クライミングにとっては大きな一歩であり、このスポーツを世界中の多くの人々に知ってもらえる機会になるだろう。

02
トレーニング計画

仏フォンテーヌブローRecloses の Jour de Chasse を登る筆者 © MARTIN SMITH

クライミングは複雑なスポーツである。身体面のみならず、戦術面や技術面での追求も必要だ。季節や天候にも大きく左右されるし、心理的な要素もとても大きい。このような要因があるため、クライミングトレーニングは難しく、一筋縄ではいかないものなのだ。

世間一般のクライマーはトレーニングをそれほど体系的にやる必要はないと思う。いつ何をすればよいか知りたくて、本書を手にしている読者に対してそんなことを言うと、逃げを打っているように聞こえるかもしれない。しかし、クライミングというものは定量化が難しいものだ。それにトレーニングと日常生活を両立させようとしたら、どうしたって最適化などできないのだ。

完璧なトレーニング計画を一度だけこなしたが、その後は関心を失ってそれきりとなってしまった場合よりも、多少妥協したトレーニング計画でも粘り強く続けるほうが、長期的な結果はよくなるだろう。成長し続けるクライマー、誰よりも進歩するクライマーというのは、トレーニングを堅実に何年もこなせるクライマーなのだ。

やるべきことは、モチベーションを保ちながら、ハードにトレーニングを続けること。ただし、オーバーワークやケガには気をつけよう。案外、楽しいかもしれない。

トレーニング計画を立てる

私がハードにトレーニングをするときは、週に多くのセッションを組む。だが、それ以上の計画は立てない。フィンガーボードのセッションを何種類かとボードのセッションを少しやり、さらに屋外屋内いずれかでクライミングセッションもする。

トレーニングを生活のなかに無理なく組み込むようにしている。また、各セッションは、その日の調子に合わせて調整している。うまくいかない日もあるが、そういう日は一歩下がって立ち止まったり、ほかのことに変更できなければならない。このことは繰り返し思い出していかなければならないことだと、ショウナに言われている。

逆に、思ったよりも調子がよく、予定よりもハードなセッションをこなせる日もある。このあたりを正確に感知できるようになることは、とても重要だ。ただ、感じ方は人それぞれなので、はっきりと判断するのもなかなか難しいものだ。

もちろん、このある種アナーキーなトレーニングアプローチは、あなたの身体に最大限の力を発揮させるための科学的にベストな方法とはいえないかもしれない。しかし、本書を手にしている読者は、おそらくほかに仕事を持ちながらクライミングを楽しんでいる人だろう。「普通の」人にとっては、ここまでならパフォーマンスを犠牲にしてもいいというラインが存在するものだ。誰よりも熱心なクライマーだって、実際には上達のためならとにかくなんでもするというわけではない（たとえばビールとか）。もしあなたがすでにそうしていると言うならば、本書を読む必要などない！

　指の強化トレーニングは、ある程度、年間を通してやるべきだと考えている。もちろん、いろいろな方法をとりまぜることによって身体への刺激を変化させるのはよいことなのだが、指の力に関しては強化に時間がかかるため、必修科目としておくべきだ。

　同じことが柔軟性や可動性に関しても言える。常に気を遣っておくと、身体の調子もよくなるし、ケガもしにくくなるだろう。

　これ以外のトレーニング要素については、目的に合わせて臨機応変に取り組めばよいが、強く健康な指と高い柔軟性は、よいクライミングには必要不可欠なのだ。

　ショウナの場合はこの数年、これまで以上に細心の注意を払いながらトレーニングする必要があった。コンペ、特にオリンピックの複合種目ではあらゆることが要求されるからだ。もっと向上させなければならないことがたくさんあるため、綿密な計画を立てた。それでもなお、トレーニング計画には十分な柔軟性をもたせ、調子が乗らなければ、その日はやめるか、別のトレーニングに変えたりした。結局、やっていることが楽しいと感じられれば、それだけ努力もできるし、結果もよくなるのだ。

スイス・ブリオネのJust Toe Itを登るジョン・コーフィールド　© DAVE PARRY

トレーニング計画を立てる前に、次のことを確認しておこう。

▶ 目標（複数でもよい）。
▶ その目標に到達するために何をトレーニングすればよいか。
▶ どれくらいの時間をトレーニングに費やせるか。
▶ 目標のために、どのくらいの犠牲を払ってもよいか。

トレーニング計画を立てる際は、次のことを確認しておこう。

▶ 指と柔軟性の強化は優先順位を高くすること。もちろん、これらのトレーニングをする必要がまったくないというなら話は別だが、まあそんなことはないだろう。
▶ フレッシュな状態や、よくレストした後には、高強度の筋力トレーニング（フィンガーボード、ハードなボルダリング、ボードクライミングなど）をすること。トレーニングの質は高く保つこと。
▶ 自分の調子をよくみて、それに応じてセッションを調整すること。

▶ トレーニングに集中する期間とパフォーマンスに集中する期間を設けること。
▶ クライミングは複雑で高い技術を要するものだ。自分の動きにしっかりと集中する必要があるが、これは疲労が増すほど難しくなる。
▶ 多少疲労があるなら、マイレージ〔長物や、やさしめの課題で数を稼ぐこと〕や全身のコンディショニングといった低強度の持久力トレーニングを行なってもよい。

集中して一生懸命、楽しみながらやろう。結果はおのずとついてくる。

テーパリング

テーパリングとは、取り組んでいる課題に対しては磨きをかけ続けたままトレーニング負荷を減らし、身体の回復を促すことだ。ツアーやコンペのために懸命にトレーニングをこなし、テンションも最高潮だったのに、いざその日になってみたら、ハードなトレーニングのせいで疲労困憊しておりベストを出せない、などという思いはしたくないだろう。

ツアーなど目的のものが目の前に迫ってくると、試験前の一夜漬けのごとく、ついついトレーニング量を増やさなければと思ってしまうものだ。

一般的に、トレーニング強度を高く保ったまま量を減らすのが、ベストなテーパリング方法だ。テーパリングにより、身体は適切な刺激を得てしっかりと動ける状態を保ったまま、長時間にわたって繰り返し与えられる負荷による疲労困憊を免れることができる。

私はツアー前にはいつも、2週間ほどかけてテーパリングを行なう。よい感覚でいたいので、ハードな課題も登るし、フィンガーボードのセッションもめいっぱい行なう。だが、その2週間はトレーニング時間を通常の約40%まで減らすのだ。怠けているように感じてしまうこともあるが、最終的にフレッシュかつストロングな状態で目的地にたどり着いたときには、最高の気分になれることもわかっている。また、テーパリングはトレーニングで酷使した皮膚を回復させてくれる。ツアーにやって来たはいいが皮膚がボロボロだなんて、ばかばかしいじゃないか。

まとめ

トレーニングを始める前に目標を確認すること。

常に指の強化トレーニングの優先順位を高くすること。

常にしっかりレストした状態で高強度の筋力トレーニングをするようにすること。

その日の調子を正確に見定めて、セッションを調整できるようにすること。

100%のトレーニングをやった翌日にベストなクライミングができると思わないこと。レストによる回復は大切だ。

ハードなトレーニング重視の期間と、最高の結果を得るためのパフォーマンス重視の期間は分けるようにすること。

上半身、手、指の解剖学

　私たちがクライミングやトレーニングをしているとき、いったい何が起こっているのだろうか。そのことを知るために、身体の中を見てみることにしよう。上腕二頭筋（大きくても小さくても）は誰でも知っているだろう。しかし、たとえば、円回内筋（えんかいないきん）や骨間筋（こっかんきん）はどうだろうか。これらの筋肉はクライミングに不可欠なものだが、会話に登場することはあまりないので、耳にしたことがないかもしれない。

　身体の働きについて正確に知る必要はないかもしれないが、どの筋肉がどんなときに働くのかを思い描けることは役に立つと思う。

ひとつには正確にトレーニングできるようになるから、さらには、なぜ痛みが出るのか、痛みをとめるにはどうすればいいのか理解できるからだ。

　複雑なことのように思えるかもしれないが、筋骨格系とは、単に筋を引っ張ることで作動するレバーと滑車のセットのことだ。身体とは、見るからに複雑そうでありながら、その実、本質的にはシンプルな機械なのだ。

　もちろん、ここではすべてを網羅することも、完璧な正確さをもって説明することもできない。しかし、次のイラストによって、クライミングのときに使われる最も重要な筋肉を、シンプルながらきちんと紹介することができるだろう。

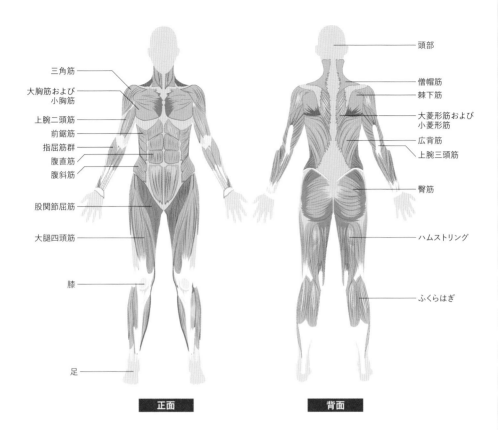

三角筋

大胸筋および
小胸筋

上腕二頭筋

前鋸筋

指屈筋群

腹直筋

腹斜筋

股関節屈筋

大腿四頭筋

膝

足

頭部

僧帽筋

棘下筋

大菱形筋および
小菱形筋

広背筋

上腕三頭筋

臀筋

ハムストリング

ふくらはぎ

正面　　　　　　　　背面

身体のつくり

　ご存じのとおり、クライマーは上半身の筋肉がよく発達していることが多い。登るときに身体にかかる負荷のためだ。大きな広背筋、大きな肩、大きな胸筋といえば、クライマーの身体の顕著な特徴だ。

　肩は、身体のなかで最も可動域が広い関節だ。これはクライミングにとってはよいことだが、その結果、安定しにくいという面も持ち合わせている。体幹の筋肉は、登っているときに、(理想としては)手足をひとつのユニットとして連動させるために強く働く。ま

あ、核心のシークエンスでキャンパシングしているときは脚をスイングさせるだけのこともあるかもしれないが。

　上半身が重要といっても、脚をおまけとして扱ってよいわけではない。普通、体重のほとんどが脚にかかるのだから。傾斜の強い壁であってもそうだ。どうせ常に脚を持ち運ばなければならないなら、登っているときに最大限活用したほうがいい。大腿四頭筋は乗り込みやダイナミックなムーブで力を発揮する。ハムストリングと臀筋は、ヒールフックや傾斜の強い壁でのかき込みに欠かせない。

指——掌側（左手）

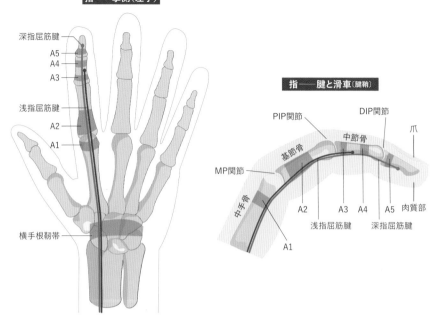

深指屈筋腱
A5
A4
A3
浅指屈筋腱
A2
A1
横手根靱帯

指——腱と滑車〔腱鞘〕

PIP関節　　　　　DIP関節
基節骨　　中節骨　　爪
MP関節
中手骨
A2　　A3 A4 A5　肉質部
A1
浅指屈筋腱　　深指屈筋腱

前腕の骨格

指節骨
末節骨　　DIP関節
中節骨　　PIP関節
基節骨
MP関節
中手骨
手根骨部
尺骨
橈骨
上腕骨

指の屈筋——掌側（左手）

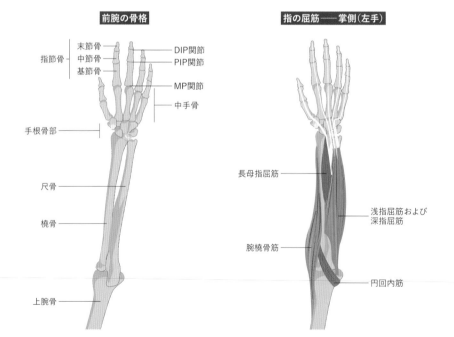

長母指屈筋
浅指屈筋および
深指屈筋
腕橈骨筋
円回内筋

腕と指のチームワーク

それぞれの指には、指をグリップポジションに曲げてそれを保持させる屈筋腱が2つずつある。深指屈筋腱は第一関節を屈曲させ、浅指屈筋腱は指の第二関節を屈曲させる。これらの屈筋腱は指の屈筋につながっており、指の屈筋がこの屈筋腱を引っ張ることで保持が可能になる。

屈筋腱は手首、手および指の滑車〔腱鞘〕（A1からA5）の中を通る。滑車は、腱が骨から離れないようにしておくもので、これがあることによって指を適切に動かすことができる。

前腕の反対側には、指と手首の伸筋がある。これらの筋肉は、指を伸ばす働き（および手首を甲側に曲げる働き）や、指の屈筋によって物をつかんでいる間、関節を安定させる働きをする。

人差し指から小指までの屈筋のほか、親指の屈筋も、ほかの4本に相対する働きをするため、ピンチをするときにはとても重要になる。

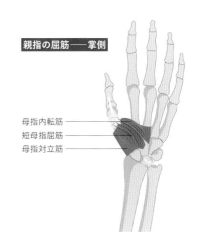

親指の屈筋——掌側

母指内転筋
短母指屈筋
母指対立筋

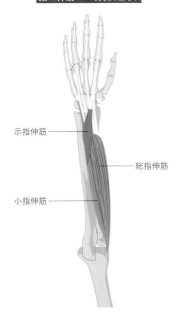

指の伸筋——背側（左手）

示指伸筋
総指伸筋
小指伸筋

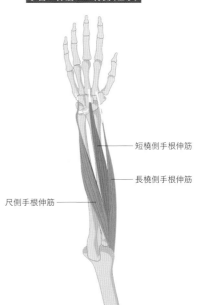

手首の伸筋——背側（左手）

短橈側手根伸筋
長橈側手根伸筋
尺側手根伸筋

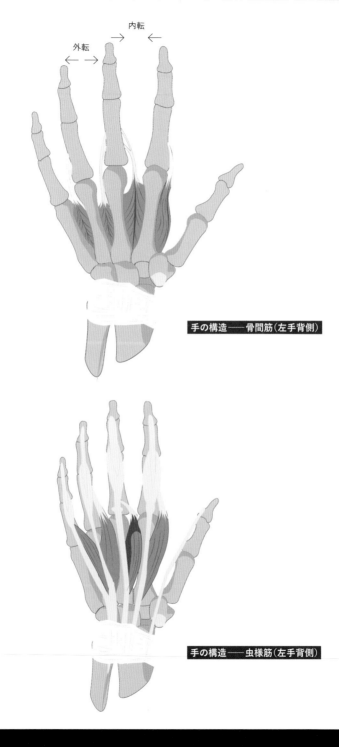

外転　内転

手の構造──骨間筋（左手背側）

手の構造──虫様筋（左手背側）

英シェフィールドのデポークライミングセンターで登るグレイシー・マーティン

手

　手の構造は特に重要だろう。手に小さな筋肉があることすら知らない人は多い。これらの筋肉はクライミングに欠かせないものだが、あまりきちんと理解されていない。ときに腱鞘のケガなのに手の筋肉の問題だと間違われることもある。指に痛みを感じたら、このことを念頭に置いておこう。

　骨間筋は指の外転と内転（横に動かす）に使われる小さな筋肉だ。保持のとき、指を安定させるのに重要な役割を担っている。特にカチや指の角度がバラバラになるような平らでないホールドを持つときなどだ。骨間筋は、

中手骨（手の平の骨）から始まり、基節骨（手の平に一番近い骨）につながっている。

　虫様筋は、手の平にあるもうひとつの小さな筋肉だ。屈筋腱から始まり（普通、筋肉は骨から伸びるものなので珍しい）、指背腱膜を介して、基節骨（手の平に一番近い骨）につながっている。つまり、実質的には指につながっているのだ。虫様筋は、指の力に寄与するMP関節（基関節）を屈曲させる働きをし、指をまっすぐにして保持するとき（大きいワイドピンチやボリュームを持つようなとき）に最も力を発揮する。このような持ち方では指が屈曲していないため、屈筋腱が効果的に働くことができないからだ。

03
指の力

「指の力」とは何か

　この言葉は、クライマーの間ではハンドホールドにぶら下がる力という意味で使われている。指の力が強ければ、より小さいホールドや甘いホールドも保持することができる。普通、クライミングの難度が上がるほどホールドは悪くなるから、クライマーにとって指の力は大切なものだ。つまり「指の力」があ

るほど、より悪いホールドが持て、ムーブも起こせる可能性が高まるわけだ。

　上達を望むクライマーにとって、指の力が制約要因となるのは常だ。世界トップクラスのクライマーたちはみな、指の力がとても強い。ほかの部分の弱点であればなんとかなることもあるが、そもそも壁に張りつくことができなければ登ることができない。単純な話だ。

指の力はどこから来るのか

> 指の力とは、
> 手と前腕のさまざまな構造が
> 連動して働いたものである

指の力やグリップ力が何に由来するのか、一言で言うのは難しい。指には筋肉がなく、骨ばっていて細い。では、どうしてホールドが持てるのか。

一般的に、クライミングにおけるグリップ力は、前腕にある指の屈筋（手の平をテーブルに置いたときに、前腕の下側になるほう。P38参照）が、ホールドに対して指を収縮し屈曲させることで生み出される。ホールドをつかむとき、指の屈筋は指をホールドの形に合わせてアイソメトリック（静的）に保持する。それによって、ホールドから落ちないで（と願いつつ）、クライミングができるというわけだ。

だが、話はそれだけではない。指の屈筋は、屈筋腱を引っ張っている。このとき、指の中の滑車をいくつも通過する（P38参照）。滑車とは、腱を指の骨に添わせておくための線維性組織の帯のことであり、収縮した前腕の筋肉の力を指のグリップ力へと変えるため、文字どおり滑車としての機能を果たす。滑車のおかげで、巧みにかつ正確に指を動かし、ホールドの形に合わせて大きな力を出すことができるのだ。滑車がないと、ホールドを持とうとしたときに腱が骨から離れてしまう。そうなればクライミングは不可能だ。

滑車と腱の関係を表わすのによく使われる例えが、釣り糸を釣り竿に沿って通しているガイドだ。テンションがかかると糸が竿をたわませるが、竿がたわんでも、ガイドによって糸が竿から離れることはない。

つまり、私たちが登るとき、指の屈筋が収縮し、指をグリップポジションへと引っ張る。腱と滑車に負荷がかかると互いに擦れ合い、指にアイソメトリックな力を加える。それによって、屈筋だけではできなかったほど強い力で、曲げた指を保持することができるのだ。

したがって、「指の力」を鍛えると、前腕の筋肉が発揮する力が高まるわけだが、それと同時に、腱と滑車の太さや密度が高まることによって摩擦による相互作用が強くなり、その結果、保持力が高まるのだ。

指の力はまた、以下の要素にも左右される。

▶ 手には、親指の筋肉群のほか、虫様筋や骨間筋といった小さな筋肉がたくさんある。これらはすべて、クライミングにおけるグリップ力に欠かせないものだ。
▶ 手首に関しては、橈側手根屈筋や橈側手根伸筋など、登るときに手首を動かしたり固定したりするのに関わる筋肉がある。
▶ さらに、前腕の筋肉には、指の屈筋と一緒に働く指伸筋群（手の平をテーブルに置いたときに、前腕の上側になるほう）があり、登っているときに手や指を安定させる。

仏フォンテーヌブローCoquibus Longs VauxのSatan i Helveteを登る筆者 © LEO MOGER

指の形態学

　指の力に加えて、大きさ、形、つくりも保持力に影響する。

　みなそれぞれ、指の長さ、太さ、爪の形、指先の皮膚の厚さなどが異なる。タイプが違えば、向き不向きも異なってくる。

||||||||||||||||||||||||||||||||||||||||||||||||||||||||||||||

　私の指先は肉付きがよく、皮膚も厚い。フリクションを使った登りやスローパーなど、表面積が広い場合は強い。しかし、細かいホールドでは、力を込めるとホールドからずれてしまい具合が悪い。ショウナの指は小さくて骨ばっており、指先が強い。極小ホールドに強く、細かいエッジでもハーフクリンプでがっちり決まるので、フルクリンプをする必要がほとんどない。しかし手が小さいため摩擦面が小さく、大きめのスローパーやピンチには向いていない。

　一本一本の指の長さの違いにも注目してみたい。人差し指、中指、薬指に比べて、小指がとても短い人もいる。その場合、特にクリンプのとき小指を動員しづらくなる。その結果、こういう人は3本指のクリンプが得意になることが多い。

　中指がとても長い人もいる。この場合は、オープンハンドのホールドでも中指がある程度曲がってしまう。

正直なところ、どれも大した話ではない。みなそれぞれ自分の手は自分の手だ。他人の手がどんな働きをするか知るのがおもしろいということだ。それに、ちょっとした言い訳を用意しておくのも悪くない。たとえば、「きみの小指は僕のより短いだろ。だから僕にはそれができないんだ」なんて。

指の力を高める

クライマーにとっては幸運なことに、身体というのはストレスに適応するのが得意だ。つまり負荷を繰り返し与えれば、指の力に関係している筋肉、腱、帯を強く、大きくすることができるということだ。筋力の向上は数週間もあれば目に見えてくるが、腱や帯の太さ、密度をそれなりに高めるには、数カ月や数年の単位で時間がかかることを知っておいてほしい。

多くの人、とりわけ「トレーニング歴」の浅い人にとっては、定期的にクライミングをするだけでも十分、適応によって指の力を高めるための刺激を身体に与えることができる。

もちろん、単に「クライミングをする」だけでは足りない。この作戦だけでは、最終的にはプラトーに達してしまうかもしれない。

そうなると、ほかのアイデアを探り、もっと指を強くしたいと思うのではないか。たとえば、

▶ もっと計画的にクライミングをする。つまり、指の強化に焦点を絞ってクライミングをするということだ。たとえば、普段苦手としているタイプのホールドを使ったり、傾斜の強い壁やボードで登って指への荷重を大きくしたりする。

▶ 焦点を絞ったフィンガーボードトレーニングをする。つまり、強化が必要な部分に狙いを定めてトレーニングする。

まとめ

指の力とは、ホールドを保持する能力のこと。

指の力は、前腕にある屈筋、手の腱と滑車の摩擦による相互作用、手の小さな筋肉などが組み合わさって生み出される。

指の力を強くするのは、なかなか時間のかかることだ。腱や帯がクライミングやフィンガーボードのトレーニング負荷に適応するのには、何カ月もかかる。

04
能動的指力と
受動的指力

（アクティブ）（パッシブ）

英ブラッドリークワリーのBirdsong Right-handを登るジョン・フルウッド　© JOHN COEFIELD

〈持つ力〉と〈離さない力〉は、別のものだ

どうやってホールドを持つかは、クライマーによって異なるものだ。まったく同じ課題のまったく同じホールドであっても、クライマーによって取り方や持ち方は異なる可能性があるし、実際にもそうだろう。ホールドを絞め殺さんばかりのクライマーもいれば、もっと力を抜いて、ホールドに手を「引っかける」程度のクライマーもいるかもしれない。私は、両者をそれぞれ「能動的」「受動的」と分類し、能動的な指力と受動的な指力を区別している。

能動的指力

ポケットやスローパーのような典型的なオープンハンドホールドであっても、ハーフクリンプやフルクリンプで持つ。基本的に親指も積極的に使って、ホールドに力を込める。力を効果的に使ってホールドをしっかり握るアプローチだ。

受動的指力

ほぼどんなホールドもオープンハンドで持つ。手の力よりもどちらかというと摩擦を利用して保持する。

もちろん、どんなホールドを持つにしても力は必要だ。だが、決定的に異なるのは、手自体の筋肉がどのくらい積極的に使われているかという点だ。

自分の好みやデフォルトが能動的、受動的のどちらであるかは、好きな岩のタイプ、初めてクライミングをした場所、自分の生理学的なものなどによって決まってくるのではないか。過去のケガが関係することもあるかもしれない。フリクションのよい岩や、大きめの人工ホールドでは、どちらかといえば受動的なスタイルになるし、強傾斜や小さいホールド、すべすべの岩でクライミングを練習すれば、能動的なスタイルに寄っていくだろう。

ルートを登ることが多いクライマーは比較的、受動的なスタイルだろう。そうすれば、ひとつひとつのホールドを持つエネルギーを最小限にできるし、登るエネルギーが少ないほどパンプしにくくなる。

ボルダークライマーは、省エネにそれほど気を遣う必要がない。その結果、ホールドを強く持つことが多い。短くて力強いムーブをつなげる分には問題ない。しかし、リラックスしてホールドを持ってよいときと、できるかぎりしっかりと持たなければならないときがわかるようになるのは大切なことだ。

いずれのスタイルでもよい。だが、それぞれのグリップスタイルについて、きちんと考えてみる価値はあるだろう。

能動的なグリップができれば、受動的なグリップに対応する方法を学ぶことは可能だ。**能動的なグリップができるだけの力があれば、それを使うか、それとももっと受動的な持ち方にするか選ぶことができる。しかし、そもそも能動的な持ち方ができなければ、それを使う選択肢がない。**

ドラッグ〔引っかけ〕

オープンハンド

ハーフクリンプ

クリンプ

フルクリンプ

スローパーの保持

パッシブ　　　　　アクティブ

ボードでの能動的グリップ

能動的グリップをするだけの力がないと、能動的グリップが必要な場面で受動的グリップスタイルから移行して対応するのが難しくなる。オーバーハングの壁で、すべすべの花崗岩のピンチをオープンハンドで持とうとする場面を想像してみよう。せいぜい頑張ってくれ。

なるべく能動的グリップをトレーニングすることをすすめる。ただし、さまざまなタイプのホールドや岩で、能動的、受動的グリップのいずれにも慣れておくのが、クライミング上達には必要なことも覚えておこう。

能動的グリップ力を鍛える

能動的グリップの強化に取り組む必要があ

ると感じたら、ハーフクリンプ、フルクリンプ、ピンチに焦点を絞るといい。手の筋肉をしっかり使うものがよいということだ。

通常のクライミングセッションでは、単にホールドにぶら下がるのではなく、ムーブをしながら、ホールドをあえてしっかり持つよう意識すること。親指を添えて持つフラットなエッジやピンチ、スローパーなど、かかりのよくないホールドを使ってムーブをしてみよう。その際に、自分がそのホールドをどんなふうに持っているか、よく検討してみよう。

ボードなど強傾斜でのクライミングは、能動的グリップの練習によい。体の振りをコントロールしたり、足を探ったりするためには、ホールドをしっかり持たなければならないからだ。摩擦だけでは壁に張りついておくことができない。なおかつ、表面がなめらかなホールドのほうがよい。張りついているのがさらに大変になるからだ。この点では、樹脂ホールドよりも木製ホールドがぴったりだ。

だが、最終的には、自分の目標に立ち返ることになる。どの課題をやりたいのか、何を達成したいのか確認し、本当にホールドを握り潰すことができるようになる必要があるのか、それとも単にぶら下がれればよいのか、よく考えてみよう。そして、それに合わせてトレーニングを調整するのだ。

私自身は、オープンハンド気味の受動的な持ち方で登るのがデフォルトだ。疲れてくると、さらに受動的な持ち方になる。私はクリンプでの握り込みが自然にできる感じがしない。だからクリンプを多用したり、小さいカチピンチを使って登ったりして、もっと能動的な指力を手に入れられるよう多くの時間を

費やしてきた。最初はフィンガーボードを使っていたが、その後は通常のクライミングやボードのセッションで取り組んできた。

　この種の能動的な力を鍛えるときのおすすめの方法が、薄いカチピンチを使った狭いムーブの課題をやってみることだ。これだと、サイドプルに持ち替えることができない。狭いムーブのところで壁に近づけば、めいっぱい強く持たざるを得ないだろう。このようなトレーニングは能動的な指力の強化に絶大な効果があった。

||||||||||||||||||||||||||||||||||||||||||||||

　ショウナはかなり能動的なグリップスタイルだ。ホールドを握り込んで、しっかり持つことができる。親指も使ってホールドを力いっぱいつまんだり押し潰すように持つことが多い。ポケットですらオープンハンドで持っているところを見たことがないと思う。なぜなら、二本指ポケットならほぼすべて、指を全部入れてハーフクリンプで持ててしまうからだ。

　能動的な指力の多くは、手や親指の筋肉を使うことによって得られる。ホールドをオープンハンドで持つと、虫様筋と骨間筋はあまり使われないことが多いが、小さいホールドをクリンプでめいっぱい力を入れて持つときは、保持に最も効果的なポジション、すなわち、指関節が曲がった状態を維持するために、これらの筋肉が使われる。

　これらの小さな筋肉をケアし、強化するのは、どのクライマーにとっても大切なことだ

が、能動的な指力を強くしたい人にとっては、特に重要となる。第16章を参照してほしい。

まとめ

　能動的グリップは必ずしも自然な持ち方ではない。だが、ホールドをしっかり引きつけて保持することができる。ハードなムーブでは必ずといっていいほど重要になってくる。

　能動的グリップは、ホールドからホールドへと移動するときに、身体をより安定させることができる。

　受動的グリップは、摩擦と皮膚に大きく頼った持ち方だ。したがって、それに向いたホールドでしかうまくいかない。しかし、少ないエネルギーで保持することができる。

何をすればよいか

　能動的なグリップ力を高めるには、登っているときにホールドをしっかり持つことに集中する。

　強傾斜でピンチやつるつるのホールドを使って登ると、しっかり保持する方法が学べる。

　能動的なグリップ力強化のために集中的に頑張りたいならば、小さな木製ホールドがちりばめられた、強傾斜のボードで登るのが最適だ。第10章を参照してほしい。

© NED FEEHALLY

タクティクス part1

　長年にわたり学んできたもののなかで、自分のクライミングに大いに役立ってきたことがいくつかある。みなさんにとっては初めて耳にすることもあるかもしれないが、きっと役に立ってくれると思う。ここで挙げたリストを見たら、このスポーツがいかに滑稽なものであるか、しみじみと感じてしまった。P98とP156も一緒に参照してほしい。

ウォーミングアップ：ウォーミングアップのルーティンを取り入れることはとても有益なことだと、ずっと感じている。私の場合は、フィンガーボードで行なっている。フィンガーボードでのウォームアップを基準にしていると、ウォームアップをしながらそのときの調子を見定めることができるし、100%の力でホールドを引いてよいかどうか確認できるのだ。岩場にはポータブルのフィンガーボー

ドを持っていくし、ジムで登るときやボードでのトレーニング前には、壁に取りつけたフィンガーボードを使っている。

レスト：トライとトライの間にレストをするのは、筋肉を回復させるだけでなく、皮膚をクールダウンし乾かすのにも大切だと思う。温かく汗ばんでいる皮膚よりも、冷めたく乾いている皮膚のほうがグリップにはよい。皮膚を触ってみて温かいときよりも冷たいときのほうが、はるかにグリップが効く。手のクールダウンにはレストが最適なようだ。手をクールダウンさせるために岩に手を置くクライマーもいるが、私の手は少しでも何かを触っていると汗ばんでくる傾向があるため、このやり方はうまくいかないようだ。風にあてたり、風がなければ扇風機を使ったり、手をひらひらさせたりすることが、私の皮膚にとってはクールダウンと乾燥に最適な方法だ。

岩場用扇風機：ハードなクライミングをしたかったら、手が冷たいことは不可欠だと考えている。状況が許せば、天候を見て18ボルトのバッテリー扇風機を岩場に持っていくことも多い。さらに風が吹いてくれればコンディションはいうことない。わざわざ持っていく価値はそれだけではない。気温が高い日には、虫を追い払うのにも使えるのだ。

風：風が強すぎるとクライミングにとっては悪夢だが、ほどよい風は最適なコンディションのためには欠かせない（ただし、温かく湿った風では、湿気が増してしまう）。

日差し：曇りの日や日陰で登るほうが断然好きだ。どの岩場を登るのかは、その日の条件をみながら注意して選ぼう。とても寒い日であれば、南向きの日向がよいかもしれないが、暑い日であれば最悪の選択にもなりうる。

気温：私は寒いほうが好きだ。私の身体は気温5〜10度くらいだと動きがとてもよいが、皮膚については0度くらいがベストだ。これより高いと、まともに機能しなくなる。自分にとって最適な気温を知っておき、それをうまく活用しよう。たとえば早い時間にクライミングに行こうとか、もう少し涼しくなってからにしようとか、クライミング中に服をもっと着よう、あるいは脱ごう、というように。

湿度：湿度は低いほどよい。残念ながら、イギリスに住んでいると湿度が70%をきることはほとんどない。これについては本当にどうしようもできない。不平はさておき、登りに行くときは可能なかぎり天気予報をチェックしよう。荒野のようなところでのクライミングなら、湿度が低すぎて問題が生じてくるか

もしれない。湿度がとても低いときや、木製ホールドやフィンガーボードでトレーニングするときなどは、「ライノ・スキン・ソリューションズ・スピット」〔チョークの下地剤〕のような製品を使用したり、チョークアップの前に手を湿らせたりすると、「テカテカのお肌」にも粘着力を与えることができる。

シューズ：自分が登る課題に合ったシューズを選ぼう。私も、シューズ1足だけで登るような日はほとんどない。念のためバッグにはタイプの違うシューズを何足か入れている。ヒール形状の異なるもの、硬いもの、軟らかいもの。それにゴムの種類が違うものも用意している。気温によってベストな働きをしてくれるゴムのタイプが異なるからだ。また、ヒール形状が違うとさまざまなヒールフックに対応できる。このようなことを頭に置いて選ぼう。片足ごとにシューズを変えたってかまわない。

ニーパッド：ニーパッドはすばらしい。ダクトテープを巻いて固定するとよいこともある。その場合は、短パンをはいて、毛深い人は毛を剃っておいたほうがよい。取り外すときに涙の量が少しは減るだろう。スプレー式の接着剤もズレ防止に役立つが、いろいろと面倒なので、普通それをやるのは相当に気合の入った人だけだ。ニーバーの特徴によって使い分けるために、硬めと軟らかめのニーパッドを用意してもいいかもしれない。岩が尖っていたり角張っていて、食い込んでくるようなニーバーをする場合は硬めのニーパッドがよいし、スメアリングっぽいニーバーをする場合は軟らかめのニーパッドが適している。私は少しでもよくニーバーを効かせるために、ニーパッドを2つ重ねてつけたこともある。

05
フィンガーボードを
始めよう

はじめに

これまで、指の力が何に由来するのか見てきた。指を強化したいのに、登るだけではあまり効果が見えないようであれば、フィンガーボードをおすすめする。ただし、指の力に関わる適応は、思った以上に時間がかかる。フィンガーボードでのトレーニングは、数日や数週間ではなく、数カ月、数年の単位で時間がかかるものだということをよく理解しておこう。決して焦らないこと。

しかしながら長い目で見ると、フィンガーボードは、クライミング力向上にはかなり時間効率のよい方法だ。ほとんどのクライマーが、最終的には指の力で限界がくる。すでに多少なりとも能力があるならば、指を強化するだけでクライミング力が上がることは間違いないだろう。ほかの筋力トレーニングでは、こうはいかない。ホールドと自分とをつなぎとめているのは、指だ。したがって、この「鎖の中の環」を、できるかぎり強くしておくことは意味のあることなのだ。

フィンガーボードのトレーニングは、とてもシンプルだ。意図としては、指でぶら下がり、そのストレスに身体を適応させることによって指を強くするというものだ。フィンガーボードのトレーニングにはさまざまな方法があり、負荷の大きさもいろいろ変えることができる。

使い方に気をつければ、安全なトレーニング道具だとも言える。私の考えでは、指の強化トレーニングとしては、クライミング、ボードクライミング、キャンパシングよりも、ずっと安全な方法だと思う。しっかりコントロールしながら、ゆっくり負荷をかけられるし、いつでも手を離すことができるからだ。

もちろん、フィンガーボードは万能ではない。ぶら下がるばかりで登りを疎かにし、いざ壁に取りついてみたら、なぜかヘタくそなままだった、などということにならないように。さらに言うと、フィンガーボードは、指の力の強化には間違いなくベストな手段だと思うが、唯一の手段というわけではもちろんない。

> **フィンガーボードは、クライミングの補助的なエクササイズであって、クライミングの代わりになるものではない**

実際の使い方

まず、ちゃんとしたフィンガーボードが必要だ。クライミング施設に行くと、たいていひとつくらいはあるものだが、時間とやる気があるなら自宅に設置するのが望ましい。できれば暖かくて、音楽が聴けたりテレビが見られるようなところだと、使ってみようかという気にもなりやすいだろう。買ったものの設置すらしてない人とか、設置はしたが1回しか使ってない人というのが多いというから驚く。使われずに壁にぽつんと残されたフィンガーボードは、見るも哀れなものだ。

スペースが許せば、フィンガーボード、ウェイト、プーリー、レジスタンスバンドなどを1カ所に集めたトレーニングエリアをつくるとよい。トレーニング前の準備やら、トレーニング後の片付けやらなにやらが少ないほど、トレーニングする気が起きるものだ。

それなりに見栄えのするフィンガーボードを選べば、自宅や職場のよい場所に設置してみたくもなるだろう。「ビーストメーカー」というフィンガーボードがすごく評判がいいようなのでおすすめだ。

© GIORGOS KRIKELIS

© BEN MORTON

© MATTHEW DAVIES

© SPIKE FULLWOOD

© TAKATO IIZUKA

© OLAVI SAASTAMOINEN

いつ始めるのがよいか

フィンガーボードのトレーニングを始めるのは、これくらいのグレードを登ってからだとか、クライミング歴が何年になってからだとかと思っている人が多いが、私に言わせればそんなことはない。

クライミングを始めて間もない人でも、やさしめのトレーニングであれば可能だ。理想的には2、3年のクライミング経験者がいいのだろうが、これは主に、クライミングでは習得すべきことが多いということや、始めて1、2年のビギナーは登るだけでも学ぶことが多いというのが理由であるにすぎない。フィンガーボードによって得られる効果よりも、ジムや岩場でムーブを習得するほうが上達がわかりやすい。それにフィンガーボードにぶら下がっているよりも、クライミングに行くほうがずっと楽しい。

クライミング歴が2、3年くらいになると、指の力が制約要因になってくることが多い。それ以外の要素はすでに磨き上げられている（はずである）ため、指を少し強化するだけでも、すぐにクライミング力に影響してくる。

クライミング歴の長い人は、フィンガーボードのトレーニングが確実に効果を上げてくれるだろう。すでに腱や靭帯が強いはずだから、フィンガーボードでのトレーニングの負荷にうまく対応でき、安全に実施することができる。

どんな使い方がベストか

フィンガーボードについて、自分のやり方が「ベストだ」という人がいたら、それは間違いだ。ベストな方法などというものが存在していたら、今ごろみんな知っていて、みんなやっているだろう。これまで長年、実にさまざまなトレーニング方法が実践されてきているが、効果はまちまちだ。いずれにせよ、人それぞれタイプが違うので、自分にとって最適な方法を見つける必要がある。次ページ以降で紹介するとおり、やり方もバリエーションもたくさんある。最終的には、長く続けられるやり方が自分にとってベストなものなのだ。

具体的なエクササイズについては、第7章で見ていくことにして、トレーニングを始める前に知っておくべき基礎知識を確認しよう。

フィンガーボードトレーニングのバリエーション

ホールドのタイプ

「ビーストメーカー」を持っているなら、エッジもポケットも申し分ないものが揃っているので何も心配いらない。

もし持っていないなら、ホールドやエッジが鋭すぎず、ざらざらしていないものを選ぶとよい。指の関節と関節の間にかかってしまうホールドはやめておこう。ぶら下がると皮膚がすりむけて痛い。

肩と腕に筋力があり安定しているなら、
片手でトレーニングしてみよう

難易度

　フィンガーボードのエクササイズでは、ど
うやって強度をコントロールするのがよいの
だろうか。

　指の強化トレーニングでは、1回ごとのぶ
ら下がり強度を注意深くコントロールする必
要がある。これが強すぎても弱すぎても、強
くなれという情報が身体に正しく伝わらない。

　所定の時間ぶら下がってみて（第7章を参
照）から、強度を調節するようにしよう。ち
ょうどよい強度にするためには、ホールドサ
イズを変えたり、ウェイトを加減したりして
負荷を調節すればよいだろう。

ホールドサイズか。ウェイト付加か。片手か。

　もちろんトレーニングとして、フィンガー
ボードにぶら下がる時間を長くしていくこと
はできる。だが、このトレーニングのいちば
んの目的である指の「力」を強くするという
観点からいうと、ぶら下がる時間を長くする
ことが、必ずしも筋力そのものを鍛える効果
を生み出すとはいえない。ではいったい、難
度や強度を高くするには、ホールドを小さく
するのと、大きいホールドでウェイトを増や
すのと、どちらがよいのだろうか。

　いずれの方法にも利点と難点があり、どち
らのほうが正しいということではない。ホー
ルドが小さすぎると、力よりも、フリクショ
ン、汗、皮膚が制約要因になってくる。この
あたりは指の形態によって人それぞれだ。

ホールドサイズを小さくするのは、皮膚やフリクション（そして痛み！）が限界になるまでは効果的だ。だいたい15㎜以下になるとこのような限界が出てくることが多いので、そうなったらホールドサイズを大きくしてウェイトを加えてぶら下がるほうがよい。

ウェイトを加えるのは、負荷を増やすのによい方法だ。しかし、どんどん増やしていき、身体からウェイトだの金床(かなとこ)だの鉄の楔(くさび)だのをあれもこれもとぶら下げた状態は、邪魔だしやりにくい。

片手でのトレーニングでは、大きめのホールドを使いながら、指や前腕に大きな負荷をかけたトレーニングをすることができる。しかし、肩と腕が疲労で安定しなくなると、指が十分に使われていなくても、ぶら下がっていられなくなる。片手での指力トレーニングは、ガバでの片手ロックオフ〔腕を曲げた状態で体を保持する〕が補助なしで簡単にできるようでないかぎりおすすめしない。指の力ではなく肩の力が制約要因になってしまうからだ。さらに片手でぶら下がると、手の皮膚にも大きなストレスがかかる。もちろん、指にかかる総重量次第ではあるが、ホールドやエッジへの接触面があまりに小さいと皮膚がストップをかけてくる。

グリップタイプ

オープンハンドでもいいし、フルクリンプ、あるいはその中間でもよい。さらに、これらのグリップを、両手の4本指で、あるいは指を1本減らして（後段で述べる）、片手で（前段で述べた）やってもよい。グリップのトレーニングで覚えておいてほしいのは、関節の

角度がプラスマイナス15度以内でないと効果がないということだ。これ以上でも以下でも、そのグリップのトレーニングはできていないので、ストップしたほうがよい。クリンプに関しては第8章を参照してほしい。

指を1本減らす

基本的に、フィンガーボードは4本すべての指を使ってするべきだ。クライミング中に出会うハンドホールドのほとんどは4本指で持てるようにできているので、4本指でトレーニングするのがなによりも理にかなっている。しかしながら、上達して力がついてきたら、指の本数を減らしてみるのもいいだろう。ウェイトを増やし続けなくても、デッドハング〔肘を伸ばしてぶら下がり、静止すること〕の難易度を上げることができる。両手でぶら下がると、加えるウェイトの量がすごいことになってしまうことが多い（ハーネスに50kg加えるのが腰にやさしいとは言えないだろう）。指を3本にして行なえば、ウェイトを減らしても最大限にトレーニングすることができる。

フロント3〔人差し指、中指、薬指〕やバック3〔小指、薬指、中指〕でぶら下がれば、ウェイトを加えたり、ホールドやエッジを小さくしなくても、トレーニングの難易度や強度を上げることができる。ただし、指3本以下でのぶら下がりでは、手全体にかかる負荷が均一でないため、慣れるまでに多少時間がかかる。特に虫様筋への負担が大きい。やみくもにウェイトを加えるのではなく、ゆっくり慎重に進めよう。

指を3本にして強度を高める

指の本数を減らす場合は、エッジを使ってウェイトを持ち上げる方法が安全で確実だ

指の本数を減らすときはTindeqなど、Bluetoothの測定器を使ってみてもよい

　このとき見落とされがちな要素が、デッドハングのときの指のフォームだ。詳細はP80の「指のフォーム」の箇所を見てほしい。オープンハンドもクリンプも、何本の指でぶら下がってもよい。だが、両者はまったく異なる持ち方だ。自分が何を鍛えたいのか明確にし、フォームもそれに合わせること。

さらに指の本数を減らす

　フロント3やバック3の次は、フロント2〔人差し指、中指〕、ミドル2〔中指、薬指〕、バック2〔小指、薬指〕もある。これらはポケットに対してオープンやクリンプで使われることが多い。

　どのクライミングエリアをみても、ポケットはそれほど一般的ではない。だが、慣れておくとよいホールドではある。ポケットはオープンハンドで持つのが一般的だ。一本指ポケットが自分にとって簡単すぎるようだったり、小さいポケットの課題を狙っていたりするなら、二本指ポケット、いわゆる「モノ」のトレーニングに挑戦してもよい。

指の本数を減らす：クリンプ

すでにフィンガーボードのトレーニング経験がそれなりにあり、なんとかしてクリンプの力をあと数パーセントでも上げたいと思っているなら、少ない指の本数でトレーニングするとよい。

最も安全で確実な方法は、目的に合った形状のホールドを使って、ものを持ち上げることだ。フィンガーボードやエッジに一本指や二本指のクリンプで体重をかけるのは、あまりよい方法ではない。十中八九、プーリーを使って荷重を減らさなければならなくなり、結局あまり意味がないからだ。15〜20mmのエッジを用意しよう。私はシンプルな第一関節サイズのエッジをプレートに付け（左ページの写真参照）、それにウェイトを取り付けて持ち上げている。これには利点がいくつかある。ウェイトの調整が容易なこと、指のフォームに注意を払いやすいこと、痛みや異常を感じたらすぐにウェイトを下に落とせばよいことなどだ。

また、Bluetoothの力計を手に入れれば、ウェイトを使わなくてもこの種のトレーニングができる。私はTindeqのものを使っている。これはなんにでも取り付けられる。インターフェースがとてもシンプルで、指にかかる負荷をリアルタイムで見ることができる。

やり始めは、少ない指の本数でのトレーニングに慣れていないので、4本全部動員したくなるだろう。だから最初は決して無理しないように。虫様筋と骨間筋を使って指をそのポジションに安定させることに慣れる必要があるのだ。

これはかなり強度の高いトレーニングなので、クライミングとトレーニングを長年続けてきた人にだけおすすめする。

基本のやり方

まずは：上達するにしたがって、ホールドサイズを下げていく。

次に：ウェイトを加えて大きいホールドを使う方法と、小さいホールドを使う方法を、交互にやる。

しばらく続けたら：片手でやる（ウェイトは任意）。または、ウェイトを加えて両手でやる。さらに、使う指の本数を減らしてみる。

以上が基本だが、フィンガーボードのセッションは、自分がどんなレベルでも、さまざまな変化をつけられる。変化は人生のスパイスだ。身体が怠けてこないよう、いろいろと取り混ぜてみよう。変化をつけたトレーニングによって得られる刺激が、適応を促進してくれる。

フィンガーボードにおける
上達の道のり

現実的であれ

　フィンガーボードの上達は、決して直線的には進まない（このことは、あらゆるトレーニング、そしてクライミングにも当てはまることだ!）。うまくいく日もあれば、いかない日もある。順調な時期もあれば、そうでない時期もある。どういうわけだかバカ調子がよくて、自己ベストが出まくることもある。そうかと思えば、全然ダメダメで、何をやってもうまくいかない日もある。大局を見失って、足元のセッション結果ばかりに目を奪われてはならない。指の力それ自体は、登るためのシステムの一部にすぎないということを忘れてはいけない。

　いま何時か、前回の食事はいつか、コーヒーを飲んだか、ストレスを抱えているか、睡眠不足ではないか、気温や湿度は高いか、体重は平均的か、など、あらゆることがセッションに影響を与えてくるだろう。しかし、高い意識でトレーニングに打ち込めば、数カ月のうちに指の力が確実に強くなっていることがわかるはずだ。

　セッションの結果を記録しておくのも効果的だ。私はすべてのセッションをメモに残している。データを記録すること自体が好きだし、折にふれて見返すと役立ってくれる。この方法は向き不向きもあるだろうが、最低限、トレーニングで自己ベストが出たとき――私自身の自己ベストは最近めったに出ないが――だけでも記録しておけば、数カ月や数年にわたる長期的な進歩を振り返ることができるし、どのトレーニング方法が自分に合っているのかもわかる。

　右上の2つのグラフが表わしているのは、時間経過に伴って期待される向上レベルと、

時間

時間

時間経過に伴って期待される向上レベル（左）と現実

実際の感じ方である。セッションを重ねるごと、週を追うごとに、成果が上がったり下がったりするのも珍しくない。後戻りしているように感じるとイライラすることもあるかもしれない。だが、あきらめるな。数カ月、数年、あるいは数十年という長い単位でみれば、あなたの進歩は右ではなく左のグラフのようになっているはずだ。

フィンガーボードのトレーニングを取り入れてすぐのころは、みるみる上達するのがわかるだろう。トレーニングを開始すると、神経筋が急速に発達するからだ。これは、筋肉が効果的な働き方を「学習する」ということである。しかし、時間がたつと、筋肉はその大きさで効率的に働ける限界点に達する。それ以上の上達には、筋力をつけること、つまり前腕の筋繊維を多くあるいは太くすることが不可欠になる。筋肉量が増えると筋力も上がる。前腕がっしりすると体重が重くなるのではないかと心配することはない。どれだけ鍛えたクライマーでも、身体全体の重さに対する前腕の比率はわずかなものだ。

神経筋が発達するのにかかる時間（数週間）よりも、筋肉が大きく、強くなるのにかかる時間（数カ月間）のほうが長い。しかし、筋肉を太く強くするほうが効果が長続きする。

退屈の閾値

指の強化では、長期計画としての集中力が大切になる。よくあるのが、2、3週間はバカみたいに打ち込んで上達するものの、上達速度が鈍ってくるとやめてしまうパターンだ。そして、半年後に「もっと指を強くしなければ」と思って、再び度を超したトレーニングをやり、すぐにやめてしまうのだ。

指というものは、定期的に負荷をかけるととてもよく反応する。もちろん、毎日毎日ボロ雑巾のようになるまでトレーニングしたり、いきなり人が変わったように「週に8日」取り組むのはよくない。しかし、短時間だが集中したセッションがだんだんとコンスタントにできるようになれば、指の強化だけでなく、クライミング時に指を健康な状態に保っておくことにつながるだろう。私の友人に理学療法士でもある強いクライマーがいるのだが、その人の言葉がこのような取り組み方をよく言い得ている。「腱は予想外のことが嫌い」

トレーニング日記には、フィンガーボードは外せないメニューとしておこう。週に3回のセッションを3カ月続けた後、9カ月休むより、週に1回のセッションを1年間やるほうが、はるかに効果が長く続く。

また、筋力のほか、手の結合組織や骨も、発達やトレーニング刺激への適応に時間がかかる。結合組織は血流が少ないため、栄養が行きわたるのに時間がかかる。そのため回復が遅く、なかなか発達せず、数カ月、数年単位の時間がかかる。

指に少しでも不安を感じるときは、やめておくべきだ。慎重すぎるくらいでよい。ケガをするというのは、トレーニングとは真逆のことなのだから、なにがあっても避けるべきだ。

湿度とチョーク

フィンガーボードの設置場所によっては、温度と湿度の変化に対処する必要が出てくるだろう。同じフィンガーボードでも設置環境が異なれば、使った感覚も全然違う。旅先でいつもと異なるフィンガーボードを使うときは、このことを頭に入れておこう。また、夏、ぶら下がっていられる限界の時間が短くなったら、おそらく汗のせいだ。こうした要素をひとつひとつを突きとめて検討を加えれば、

指の汗で苦労しているなら、扇風機を用意しよう。自分とフィンガーボードに向けて、トレーニング中も冷やしておくのだ。ぶら下がるたびにチョークアップしたり、随時ホールドをブラッシングすることも忘れないように。

手が乾燥しすぎて苦労している人は、湿り気を少し与えたり、「ライノ・スキン・ソリューション・スピット」などを利用すると、ホールドに張りついていやすくなるだろう（皮膚についてはP83〜84参照）。

フィンガーボードでの体幹と安定性

見過ごされることが多いが、ホールドやエッジにぶら下がって身体を静止させるためには、胴体の力が必要だ。小さいホールドにぶら下がって身体をブラブラしてみると、静止してぶら下がっているよりもずっと難しいことがわかるだろう。

ホールドがかかりくいものであるほど、身体を安定させないと落ちてしまう。どうやってぶら下がれば振り落とされないかがわかるまで、数回、あるいは数セッションかかることもある。

ぶら下がるときのスターティングポジションを覚え込むことが大切だ。フィンガーボードを初めてする人や慣れていない人、あるいはウェイトを付けているときは、特に大切だ。ホールドを持って身体がびくともしないよう安定させるためには、肩と背中で緊張を維持しなければならない。そしてぶら下がるときは、弾みや振りを生み出さないように、身体の重心の位置からぶら下がるようにしよう。詳細はP80の「指のフォーム」を参照してほしい。

トレーニングが難しく感じるときでも、単に「前と比べてイマイチ」だからとやめてしまうのではなく、モチベーションを上げていくことができるだろう。私のようにこだわりたい人は、フィンガーボードの隣に温度計や湿度計を設置するといいかもしれない。そうすればトレーニング条件とセッション結果を相互に参照することができる。おわかりのように、私はトレーニングについてはオタク的な方法が好きなのだ。

そのほかにあるとよいもの

　フィンガーボードのセッションに役立つものをいくつか紹介する。

扇風機：空気を動かし続けることで、指やフィンガーボードが汗でぬめらないようにする。

時計／ストップウォッチ／タイマー：トレーニング時間とレスト時間を測るため。ぶら下がりながらでも見やすい場所に設置しよう。タイマーを見るために首をねじ曲げていると、冗談抜きで首が痛くなる。

ウェイトとプーリー：ウェイトを加えるには、しっかりしたハーネスかディッピングベルトを用意するのが最も手軽だ。セットごとの着脱も簡単にできる。ハーネスとプーリーを連結すると、ウェイトの取り外しがしやすくなる。ハーネスからプーリーまでロープを伸ばして掛け、その先にウェイトをつけるのだ。ホールドを持ったとき、取りつけたウェイトの分だけ、身体の重さを減らすことができる。

ブラシ：ちゃんとしたブラシを手元に置き、常にボードをきれいにしておこう（ナイロン毛よりも天然毛のほうがきれいにできる）。各セットの間のレスト時間にブラッシングすれば一石二鳥だ。

紙やすり：セッション中、皮膚をよい状態に保つため。P157を参照してほしい。

温度計と湿度計：トレーニング条件を把握しておくのにあるとよい。これらの要素はトレーニングに与える影響が大きいからだ。

体重計：体重は気にしておこう。体重というものは増減するので、それによってセッションの出来がよくなるのか悪くなるのかを知っておくとよい。

まとめ

　フィンガーボードは、指力の強化に焦点を当てたトレーニングとして効果的なものであり、時間効率がよい。

　指の強化トレーニングは長期計画で考えるべきだ。確たる効果を得られるまでには何カ月もかかる。

　残念ながら、指力の強化に近道はない！トレーニングに使うのは持ちやすいホールドにしよう。

　決してやりすぎないこと。少しでも痛みや違和感が出たらやめよう。指のケガなんて、ばかばかしい。

何をすればよいか

　フィンガーボードを買う！

　温度湿度ともに快適な場所に設置し、トレーニングに必要なものを揃えて一緒に置いておく。

　三日坊主にしない。

湿度計を使ってセッションの条件をチェックしておこう

06
グリップタイプと指のフォーム

手は人それぞれ違う。ホールドの種類やグリップポジションによって、人それぞれ簡単に感じたり難しく感じたりするものだ。スローパーが得意な人もいれば、クリンプを好む人もいる。指の長さの違いによって、快適なポジションが決まってくるので、好みのグリップタイプも変わる。一般的には、手首が比較的まっすぐな状態のほうが大きな力が出せる。つまり、手首をできるだけまっすぐにすることができるポジションが有利ということなのだろう。

クライミングやトレーニングで使うグリップタイプと指のポジションを見てみよう。

3本指引っかけ持ち

グリップタイプ

3本指引っかけ持ち（受動的）

第一関節部分の屈曲（および中指の第二関節をやや曲げた状態）と、指先の腹とホールドとの摩擦を利用する。

この持ち方が有用な点は、リーチを最大限に使えることだ。さらに両端の指をわずかに曲げることによってグリップを維持したまま、ホールドを持つ手をうまく操ることができる。それによって、手首の動きもよくすることができる。また、岩と手との接触面積が大きいので、摩擦力が決め手となるスローパータイプのホールドにも適している。

このグリップポジションが最も保持力が高いという人もいれば、苦手だという人もいる。

ともあれ、結局は4本指で持つ場合と比べると皮膚の接触面積が小さいため、ホールドの種類によっては、吸着力や摩擦力が制約要因となることもある。それから、容易に想像がつくだろうが、手汗をかきやすいクライマーはあまり得意でないことが多い。

この持ち方はかなり受動的だ。また、指をホールドの奥まで入れて引き寄せたり、下に引いたりすることができないため、傾斜のある壁ではそれほど有用とは限らない。

4本指オープンハンド（受動的）

人差し指はまっすぐな状態、中指と薬指は第二関節で曲げ、小指はまっすぐになる。この持ち方は、中指と薬指の長さに対して人差

4本指オープンハンド

ハーフクリンプ

し指が比較的短い人が好むことが多い。指を
あまり曲げないので、力学的にはかなり強い。

　人差し指と中指が同じくらいの長さだと、
あまりうまくいかない。同じ長さだと、人差
し指をまっすぐな状態にするためには、手首
を外側方向に曲げなければならなくなる。そ
うすると手首の角度がおかしなことになり、
この持ち方の力を十分に発揮できなくなるか
らだ。

　単にエッジにぶら下がるときには、とても
効果的だ。だが、ホールドを持った手首をあ
まり動かせないため、現実のクライミングで
は使える状況に限りがある。また、強傾斜の
壁で十分に引き寄せるのも難しくなる。

ハーフクリンプ（やや能動的）

　人差し指、中指、薬指の第二関節を90度、
またはできるだけそれに近い角度まで曲げる。
小指はまっすぐになる。小指が短い人は、小
指をホールドにかけるために、人差し指から
薬指までの3本の指をさらに曲げる必要があ
る。

　ハーフクリンプは、おそらく最もよく使わ
れる持ち方だろう。この持ち方に適した指の
長さの人が多いからなのか、あるいは昨今の
インドアクライミング施設では快適な第一関
節サイズのエッジの使用率が圧倒的なために
人々がこの持ち方を好むようになっているの
か、私には定かでないが。

クリンプ

フルクリンプよりもややリラックスした握り方でありながら、クリンプのもつ利点の大半を得ることができる。ホールドを持ったときの可動性が高く、フロント3〔人指し指、中指、薬指〕の角度を微調整することによって、グリップ力を十分に維持しながら、手首をあらゆる方向に動かすことができるのだ。

ただし傾斜の強い壁では、クリンプと比べると、外向きに引きにくくなる。

クリンプ（能動的）

ハーフクリンプと本質的には同じだが、小指も第二関節で約90度に曲げる。第二関節をさらに曲げることもある。手のひらの筋肉もハーフクリンプより多く使う。小指を伸ばしたままクリンプする人も多いが、小指がフロント3に対して短い場合はそのような持ち方になる。

クリンプは摩擦に頼る部分が少なく、ホールドをコントロールしやすい。単にぶら下がるのではなく、身体をブレさせずに動いたり、ホールドをさまざまな方向に引いたりすることができる。

指を握って〔引きつけることにより〕、縦方向には伸び上がりやすくリーチを伸ばせる。ただし、横方向の動きに対してはリーチが短くなる。私自身は、フルクリンプがさまざまな状況で使える最強のグリップだと思っている。実際に使っているときは必死なのだが！

クリンプをしているときは第一関節を曲げる角度が強く、力学的に関節と腱鞘に大きな負担がかかる。指のケガのリスクが最も高い握り方だといわれているが、私にいわせれば、だからといってトレーニングを避けるのでは

フルクリンプ

なく、だからこそトレーニングをするべきなのだ（第8章を参照のこと）！

フルクリンプ（非常に能動的）

クリンプと同じだが、フルクリンプでは親指を人差し指の上に添える。私自身は、フィンガーボードでのクリンプトレーニングでは親指を使わないことが多い。このほうが人差し指にやさしいからだ（親指を乗せると、人差し指の甘皮が剥けてしまうことが多い）。しかし、ボードトレーニングやクライミングのときはフルクリンプを使う。ボードやクライミングでは使うホールドタイプがさまざまなので、人差し指の皮が擦り切れることが少ない気がする。

指の組み合わせ

　以上の基本的なグリップタイプに加え、指の組み合わせもさまざまにある。

▶ フロント3
▶ バック3
▶ フロント2
▶ ミドル2
▶ バック2
▶ 一本使い

　以上は、オープンポジションでも各クリンプポジションでも使うことができる。

指のフォーム

　トレーニングでは、フォームがなにより重要だ。フィンガーボードをするにしてもクライミングをするにしても、ほかのトレーニングをするにしても、このことは頭に入れておいたほうがいい。ただただ血気にはやってセットをこなしても、正しい部分の上達は望めない。

　たとえば、クリンプ力強化のトレーニングをしているとしよう。最後の2セットくらいで指が伸びてオープンハンドになってしまったら、もはや目的としたポジションではないから、ぶら下がり続けても意味がない。崩れたフォームのまま闇雲に力を出して無理やりこなすよりも、負荷を減らしてすべてのセットを完璧なフォームで取り組めるようにしたほうがいい。

　なにか特定のグリップをアイソメトリックに（静止したぶら下がりで）トレーニングするなら、そのグリップの関節角度にプラスマイナス15度くらいの範囲でやらないと強化が望めない。それ以上のずれが出てしまうと、もはやそのグリップのトレーニングはできていないことになる。だから、みなが思うほど、ハーフクリンプのトレーニングでフルクリンプが強くなることはないと考えている。

　クリンプはしんどい。そのためクリンプを避けて、まずはやりやすいハーフクリンプをする人が多い。しかし残念ながら、クリンプがうまくなるためには、クリンプをしなければならないのだ！

　私はオープン系の持ち方が得意だ。4本指ハーフクリンプをしているとやりやすいと感じるが、フルクリンプに変えた途端、保持力が落ちると感じる。だが、こういう場合はトレーニングもしやすい。なぜなら比較的大きいエッジにフルクリンプでぶら下がることができるものの、それが難しく感じるということだから、ウェイトをたくさん加えなくても伸びしろを引き出せる。一方、両手でハーフクリンプ――つまり、クリンプよりもオープン――でぶら下がる場合には、60kgのウェイトを加えても問題なく落ちないでいられる。背中の痛みはシャレにならないが！

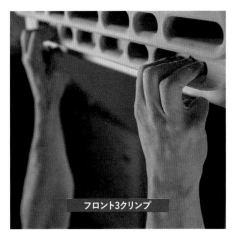
フロント3クリンプ

バック3ハーフクリンプ

フロント2オープンハンド

ミドル2オープンハンド

バック2ハーフクリンプ

一本指オープンハンド

ハーフクリンプをやってみせるショウナ

すでに述べたが、ショウナは手が小さくて指が強く、小さいホールドでも相性がよい。彼女はどんなホールドでもフルクリンプをする必要がほとんどない。指にくるクライミングでも、彼女にとってはそれほどハードではない。細かいホールドもハーフクリンプでサクッと持ってしまうので、これまでフルクリンプを真剣にトレーニングする必要もなかった。オープンハンドもあまり使わない。ハーフクリンプよりも皮膚が痛いからだ。したがって彼女の場合、トレーニングは最も有用なハーフクリンプを中心に行なっている。

指の形態学

前述したとおり、人はみな、それぞれ異なる指をもつ。長さも太さもさまざまだし、骨ばっていたり、細かったり、肉付きがよかったり、汗をかきやすかったり、乾燥しやすかったり……。

一般的に、人差し指が特に短い人は、ハーフクリンプよりもオープンハンドを好む傾向がある。ほかの指の長さのわりに小指が短い人は、小指とほかの指とを一緒に使いづらいので、3本指でクリンプすることが多い。

あなたの身体がどんな持ち方に向いているのか知っておくとよい。そうすれば自分の弱い部分の鍛え方もわかるので、指の力全体の強化につながるし、ケガのリスクも減らせるだろう。

皮膚

私たちの皮膚は、クライミング対象——自然の岩であれ、樹脂ホールドであれ、木製ホールドであれ——と身体とのインターフェースだ。クライミングやトレーニングのときに皮膚がどのような反応をするのか、理解しておくことが大切だ。皮膚をクライミングに最適な状態にしたかったら、しっかりとケアをできるようにしておく必要がある。

指の皮膚は十人十色だ。硬くて乾燥した皮膚の人は、ひび割れたり裂けたりしやすいが、汗をかきにくい分、岩登りに適している。柔らかく汗ばみやすい皮膚であれば、ひび割れはあまりないが、汗のせいでホールドが滑り、あっという間に効かなくなるため、クライミングでは苛立たしいこともあるだろう。

女性は男性よりも手が冷えやすい。温かく保っておくのが大変だという面はあるものの、汗はかきにくい。血行不良のために、手が冷たく汗が少ない人もいる。一方、血行がよく手が温かい人はたいてい汗もかきやすいが、血流がよい分、ひび割れも治りやすい。そういう手は寒い屋外でも冷えにくい。

このように、みないろいろだ。自分の皮膚が条件次第でどうなるのか把握してトレーニングを調整すること。そしてさらに大事なことは、クライミングやスキンケアをそれに合わせて行なうことだ。

自然の岩、樹脂製、木製など、ホールドの素材によっては、柔らかめで潤いのある皮膚のほうがよかったり（たとえばつるつるしたホールド）、硬く乾いた皮膚のほうがなじむ場合もあるかもしれない（たとえばざらざらしたホールド）。

トレーニングのときに皮膚が乾燥していたら、フィンガーボードをさわる前に皮膚に湿り気を与えて柔らかくするとよいだろう。もちろん、あなたがちょっとイカれたヤツだったり、樹脂製フィンガーボードを使っていたりすれば話は別だが。ぬめり手ならば、ぶら下がるたびにチョークアップが必要だろう。普通は、全部の指から出血でもしないかぎり、皮膚や条件が原因でトレーニングを中断するようなことにはならないだろう。だが、セッションのクオリティが変わってくることは十分にある。さらに、クライミングのパフォーマンスに多かれ少なかれ皮膚が影響するのはまず間違いない。なぜなら、皮膚こそがあなたとホールドの接点なのだから。

まとめ

同じホールドでも保持の仕方はいろいろだ。自分の指と手がどんな形態であるかによって、有利なグリップポジションというものがあるものだ。

指のトレーニングでは、鍛えようとしている関節角度のプラスマイナス15度以内でないと効果が得られない。

だから、最大のトレーニング効果を得ようと思ったら、何をトレーニングするのか明確にし、選んだ部位に慎重に狙いを定めることを忘れないように。

正しい指のフォームで行なうことが不可欠だ。

皮膚のケアをすること。P156も参照のこと。

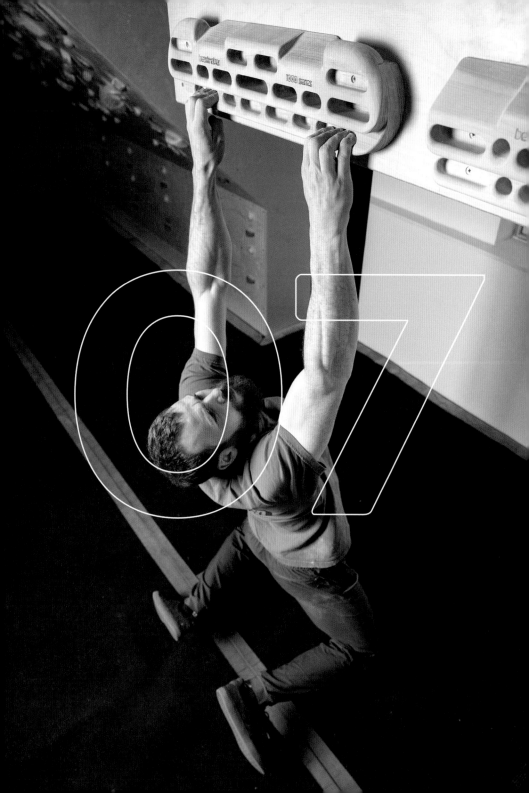

07
フィンガーボードの
エクササイズ

ウェールズ・シープペンボルダーのCompact Cultureを登る筆者　© SHAUNA COXSEY

フィンガーボードの筋力トレーニングには、主に2つの方法がある。

1　リピーター〔反復。何度もこなせていくレベルの強度〕

2　マキシマム・ハング〔限界ハング。それ以上できない限界レベルの強度のぶら下がり〕

実際に始める前に、まず、どうやってぶら下がるのか、ざっと見てみよう。

フィンガーボードをするときのフォーム

上半身の「フォーム」に関しては、いろいろなことが言われている。腕を伸ばしてぶら下がってはいけない、腕が曲がっていてはいけない、などなど。人それぞれに自分の考えがあるようだ。私の経験では、腕、肩、背中、体幹の緊張と安定を維持し、骨にぶら下がらなければ、それ以外のフォームについてはそれほど問題にはならない。

やりやすい仕方でぶら下がればよい。とにかく大切なのは、できるかぎり指を使うことだ。腕や肩ではなく、指が原因で限界がくる

ようにしなければならない。上半身に指以外の弱点があるなら、それはそれで別にトレーニングをするにして、フィンガーボードの最中はあくまでも指に集中すること。

リピーター

フィンガーボードトレーニングの柱である。「ビーストメーカー2000」は、まさにこのトレーニングへの愛を込めて設計された。リピーターは、どちらかというと筋力そのものというよりも、筋持久力に重点を置いたトレーニングだ。

リピーターでは、規定の時間ホールドにぶら下がり、規定の時間レストする。それを何度も繰り返す。

1回ごとのハングは強度が低めで比較的安全でありながらも、しっかり疲労するので、おすすめだ。

疲れてきたときにフォームが崩れないよう注意すること。最後の数ハングは、搾りかすのようになってしまうこともあるが、こういうときにフォームが崩れたり、ケガをしてしまったりする。うまくできていないかもしれないと思ったら、負荷を下げてハングの質を上げるようにしよう。

各セット、最後の数回は本当にきつくなり、6レップ目で限界がくるように強度を調整しよう。

セット内のハング時間とレスト時間を微調整し、徐々に難易度を変えていくのも簡単だ。たとえば、ハング6秒とレスト4秒、あるいは、ハング5秒とレスト5秒でもよい。セッションごとにハング時間を長くしたり短くしたりして、指に刺激を与え続けることもできる。

トレーニング	リピーター
効果	筋力／筋持久力
内容	ハング7秒とレスト3秒で1レップ 6レップ＝1セット（所要1分）
セット数	グリップタイプごとに、1〜2セット。1セッションでは3種のグリップまででよい
レスト	セットごとに5分
発展	セット単位でハング時間やレスト時間を長くしたり短くしたりする。たとえば、ハング6秒、レスト4秒、など ウェイトを追加する グリップタイプごとのセット数を増やす 使うホールドを小さいものにする
期間	指の力は常にある程度トレーニングしておくのがよい。年間を通して、複数のトレーニング方法を回し、身体をなまらせないようにしよう。リピーターは強度が低めで比較的安全だ
いつ行なうか	必ずレスト後のフレッシュな状態でトレーニングすること

マキシマム・ハング

　マックス・ハングともいう。指の強化にはとても時間効率のよい方法だ。ハングの強度がとても高いため、ケガの観点でいえばリピーターよりも若干リスクが高い。しかし、短期間で手っ取り早く指の力を手に入れるのには効果的だ。仮に、リピーターよりも進歩が遅いと感じることがあったとしても、本当にシンプルな方法なので、どのくらい進歩したかは把握しやすいと思う。とにかくフォームが重要だ!

　マックス・ハングの前にはウォーミングアップを十分にやること。私はウェイトを徐々に増やしていくようにしている。まず自重から始め、それからウェイトを追加していき、最終的に最大荷重に達する。ショウナは、マックス・ハングのためのウォームアップを私よりずっと早く済ませる。人それぞれだから、必ず自分の身体に耳を傾けるように。日によってセッションの調子が違って不思議ではないのだ。私自身は、ウォームアップの最後に最大荷重でほんの少しぶら下がるようにしている。こうすると、マックス・ハングを始め

るときに、全力でハングしてよい状態か確認できる。

　マックス・ハングでは、十分にウォーミングアップをしたら、ひとつのグリップタイプにつき6ハング以上やる必要はないと思う。3ハングでもよい。そうすれば、直後にクライミングをする予定があっても、疲れすぎることがない。とても強度の高いトレーニングであるため、何度も何度も負荷をかけなくても、身体に適応の刺激を与えることができる。

　マックス・ハングのすばらしいところは、時間がかからないことだ。ウォーミングアップとマックス・ハングを数グリップ分しても、30分ほど。慣れてしまえば、疲労困憊することもない。この種のセッションは、クライミングセッションの最初に加えたり、その日の最初のセッションにしたりするとよい。かなり頻繁に行なっても問題ない。指のトレーニングは、長時間のセッションを週に1回(またはそれ以下!)しかやらないより、少しずつでも頻繁にやるほうが、間違いなくよい。

　全力でぶら下がることに集中しよう。カチホールドにぶら下がるのも、ウェイトを加えてぶら下がるのも、それなりにつらいだろう。

英ラッドストーンのHades Lairを登るデイブ・バリー　© JOHN COEFIELD

だが、セッションにはレストもあるではないか。だから、トレーニング自体には、とにかく全力で取り組むようにしよう。

マックス・ハングは、5〜12秒の短いものと、20秒ほどの長いものに分けることができる。また、テンドン（腱）ハングという、さらに長いものもある。

ショート・マックス・ハング

ショート・マックス・ハングは神経筋の発達に焦点をあてたものだ。つまり筋繊維をさらに多く、さらに効率よく使えるよう筋肉を適応させ、その結果、筋肉の出力を高めるというものだ。

ぶら下がるのは5〜12秒。幅をもたせているのは、あなたの調子がセッションのたびに違うからだ。つまり、ここで私が「10秒ぶら下がろう」と提案したところで、決めた負荷で何度やっても毎回10秒が限界になるということなどありえない。だが、5〜12秒の範囲で設定しておけば問題ない。ただし、12秒やれば、筋肉は使える筋繊維をすべて動員できているので、それ以上長くぶら下がる必要はない。

ショート・マックス・ハングはわりと簡単にプラトーに達するが、それでも私の場合は、ロング・マックス・ハングやテンドン・ハングをやる前に、けっこうな回数（10セッションくらい）やることもある。

トレーニング	ショート・マックス・ハング
効果	筋力（神経筋の発達）
内容	ハング5〜12秒で1レップ 3〜5レップ=1セット
セット数	1セット程度。5種のグリップまで繰り返してもよい
負荷	5〜12秒が限界となるよう、ウェイトを調節する
レスト	ハングごとに2、3分。または、再び100%の力が出せるくらい回復するまで
発展	ウェイトを追加する 使うホールドを小さいものにする 片手でやる
期間	指の力は常にある程度トレーニングしておくのがよい。年間を通して、複数のトレーニング方法を回し、身体に刺激を与え続けるようにしよう
いつ行なうか	必ずレスト後のフレッシュな状態でトレーニングすること

ロング・マックス・ハング

　ロング・マックス・ハングは、前腕の筋肉を太く、力を強くすることに重点を置いたものだ。効果が出るのはゆっくりだが、長く持続する。

テンドン(腱)ハング

　さらに長くぶら下がると、腱に負担をかけすぎずに腱の剛性を高め、コンタクトストレングス(素早くつかむ力)を強化することができる。結合組織の健康にもよい。

トレーニング	ロング・マックス・ハング
効果	筋力（太く、長く持続する筋力）
内容	ハング20秒で1レップ 3～5レップ=1セット
セット数	1セット程度。5種のグリップまで繰り返してもよい
負荷	20秒が限界となるよう、ウェイトを調節する
レスト	ハングごとに3～5分。または、再び100%の力が出せるくらい回復するまで
発展	ウェイトを追加する グリップタイプごとのハング数を増やす 使うホールドを小さいものにする 片手でやる
期間	指の力は常にある程度トレーニングしておくのがよい。年間を通して、複数のトレーニング方法を回し、身体に刺激を与え続けるようにしよう
いつ行なうか	必ずレスト後のフレッシュな状態でトレーニングすること

トレーニング	テンドン（腱）ハング
効果	コンタクトストレングスおよび腱の健康
内容	ハング30～45秒で1レップ 3レップ=1セット
セット数	グリップタイプごとに1セット。ただし計3セットまで
負荷	45秒が限界となるよう、ウェイトを調節する
レスト	ハングごとに5分
発展	ウェイトを追加する 使うホールドを小さいものにする
期間	指の力は常にある程度トレーニングしておくのがよい。年間を通して、複数のトレーニング方法を回し、身体に刺激を与え続けるようにしよう
いつ行なうか	必ずレスト後のフレッシュな状態でトレーニングすること

スイス・マジックウッドのJack's Broken Heartを登る筆者 © SHAUNA COXSEY

片手か両手か

　どのフィンガーボードトレーニングも、片手と両手のどちらで行なってもよい。

　両手ハングのよいところは、「鎖の弱い環」が上腕や肩ではなく指であるとはっきり言えることだ。トレーニングをしていて疲労したりうまくいかなくなったりするのは、指を使い切ったからであって、どこかほかの箇所に問題が生じたからではないということだ。

　片手ハングは、それ相応の強い腕と肩を持ったクライマーにはよい。小さいホールドを持たなくても指に大きな負荷をかけることができるからだ。

　ただし、片手でのトレーニングをやって効果があるのは、肩と腕が強くて安定しており、トレーニング中ずっと身体を支えていられる場合に限る。バーやガバでのロックオフが、エクササイズの時間と同じ時間だけできないようなら、片手でのフィンガーボードはおすすめしない。なぜなら、もう片方の手でサポートしながら荷重をある程度減らしたとしても、指ではなく腕や肩の疲労によってできなくなってしまう可能性のほうが高いからだ。

スウェーデン・ペステルピークのNamasteを登るショウナ・コクシー　© NED FEEHALLY

"エッジ"ュケイションをもう少し…

これまでフィンガーボードの主なトレーニング方法について述べてきたが、これらはホールドにぶら下がって体重を（ウェイトを加減しながら）かけるやり方だった。自分の苦手なグリップタイプをトレーニングしたい場合や、あるいは、ぶら下がれるようなものがない場合などには、もうひとつのやり方がある。ものを持ち上げてやる方法だ。

エッジをひとつ用意し、それを合板の切れ端に取り付ける。今は専用の商品もたくさんある。トレーニングしたいグリップタイプでウェイトを持ち上げる方法によって、前述した標準のトレーニング──リピーター、マックス・ハング、テンドン・ハング──を行なうのだ。

このシステムは、一本指や二本指のポジションのトレーニングを無理なく行ないたいときや、岩場でのウォーミングアップ、ツアー中でフィンガーボードが使えないときなどに便利だ。

ウェイトを持ち上げて一本指
や二本指のグリップを鍛える

まとめ

フィンガーボードのトレーニングはシンプルだ。主に2通りの方法がある。

1　リピーター：ハングとレストを交互に連続して行なう。

2　マックス・ハング：一定時間、全力でぶら下がる。

ホールドサイズ、ハング時間、レスト時間などを変えることによって、強度を調節することができる。このほかの調節方法については、次ページの「フィンガーボードのバリエーション」を参照してほしい。

フィンガーボードのトレーニングでは、たまに長時間行なうよりも、少しずつ頻繁に行なうほうが、はるかに実りが多い。指の力は一年を通じて鍛えること。

フィンガーボードのバリエーション

　前腕にかかる負荷や疲労具合を変えるためにトレーニング内容を微調整するやり方は、無限といっていいほど存在する。今やっているトレーニングルーティンで伸び悩み始めていると感じたら、新しいものやこれまでと違うものを導入してみてもよい。こうすることによって、身体にさらに発展的なストレスを与えて適応させることができる。また、あなた自身も飽きずに取り組めるだろう。

デッドハングの難度を上げるには、
▶使うホールドを小さくする
▶ぶら下がる時間を長くする
▶ウェイトを追加する
▶使う指の本数を減らす
▶片手でぶら下がる
▶セットごとのレスト時間を短くする

デッドハングの難度を下げるには、
▶使うホールドを大きくする
▶ぶら下がる時間を短くする
▶荷重を減らす（プーリーやレジスタンスバンドを使う、足をイスに乗せる、など）
▶セットごとのレスト時間を長くする

　普通、エッジのサイズではなく角度を変えるのはあまりうまくいかない。筋力ではなく摩擦に頼るようになっていくからだ。それに、皮膚の状態、コンディション、気温などによって、セッションの見通しがつけにくくなってしまう。

　使用ホールドを徐々に小さくしていくのはよい方法だ。進歩を目で追うことができる。ただし、ホールドがあまりに小さくなってくると、コンディション、気温、皮膚の状態、指の形態次第で、いつも同じようにトレーニングするということができなくなってくる。皮膚とホールドとの接触面が少なくなると、少しの湿り気でも滑ってしまう。

　また、極小ホールドはかなり痛い。特別なセッションとしてたまにやる分には問題ないが、6mmのエッジで何セッションもこなそうとすると、本当に苦痛になってくる。痛みや皮膚のせいでトレーニングが全部こなせなくなっては話にならない。だからこそ、セッション内容は定期的に変えたほうがよいのだ。大きめのホールドで片手ハング、大きめのホールドでウェイトを加える、小さめのホールドでウェイトを加えない（あるいはウェイトを取り除く）という方法を回していくとよい。

　リピーターやマックス・ハングなど、選んだ方法を地道に続けながら、道具だけを変えていくのでもかまわない（もちろん、タイミング、ウェイト、レップ、セットなども調節する必要がある）。こうすることによって、皮膚をできるだけよい状態に保ちながら、着実なトレーニングを続けることができるのだ。

使うホールドを小さくして難度を上げる

タクティクス part 2

　チョークのコツ、および、手と皮膚のメンテナンスについて少し述べよう。詳細はP56とP156を参照してほしい。

チョーク

　言うまでもなく、チョークは摩擦力を高めてくれるものだ。だが、厚くつけすぎると粒子同士が滑って、潤滑剤のようになる。チョークをとったら手にすり込んで、ブラシで余分なものを落としてからホールドを持とう。そのほうが効きもよくなるし、登った後のホールドのクリーニングも少なくて済む。ホールドにチョークを塗りたくってはいけない。表面のでこぼこを埋めてしまい、得てしてフリクションが悪くなる。最近のブラシはよくできているので、ホールドをきちんと掃除しない言い訳は通用しない。これは岩場でもインドアでも同じことだ。

チョークの種類

　私はフリクションラボ〔米コロラドのチョークブランド〕のチョークがとてもよいと思っている。強い摩擦力を引き出すことをめざして化学的な調合がされた最初のチョークだ。私の肌とは相性がよく、石灰岩やフォンテーヌブローやロックランズにあるようなツルッとした砂岩、樹脂や、とりわけ木製ホールドのような、つるつるしたホールドでの効きは段違いだ。私は小さいパックを使っている。大きいパックで口を開けて置いておくと、湿気を吸ってしまう。湿度の高いイギリスだと、そういうのも問題になってくるのだ。グリットストーンのようなざらざらした岩になると、チョークの種類はそれほど保持感に影響しないようだ。自分の皮膚タイプやそのときの諸

条件に対し、どのチョークがベストなのか、いろいろ試してみるとよい。小山田大氏が3種類のチョークを持ち歩いているという話を聞いた。湿度が極端に低いとき用の水分が多めのチョーク、湿度の高いとき用の乾いたチョーク、そしてその中間。滑稽な話に聞こえるかもしれないが、せっかく時間とお金を使って岩場にやってきたのに、そのチャンスを最大限に活かさない理由がどこにある?

テーピング

　ひび割れなど皮膚トラブルのために、テーピングの練習をしておこう。瞬間接着剤が役に立つ(次見開き参照)。ホールドを持ったときに剝がれてしまう弱いテープではなく、必ず質のよいテープを使おう。アレックス・メゴスが、最もおすすめだというテーピング法を見せてくれた(次ページ)。私はメゴスがほとんどの指にテーピングをしてから登るのを見たことがある。テーピング前はまるで殺人を犯した後の指のようだった! 大がかりなテーピング作業後、彼は絶好調で猛然とセッションをこなした。必ずしもこの方法でなくてもいいが、効果的なテーピングはトレーニングの一助となるだろう。

ひび割れ

　ひび割れができたら、周りの余分な皮を切り取ろう。クライミングを終えたら、手をしっかり洗って消毒薬を塗り、テープを貼る。治りかけてきたら、乾かして、ざらざらした部分をやすりで削るといい。治癒の初期段階が経過したら、周りの皮膚をできるだけ削って、平らに仕上げる。ひび割れた部分は再び割れやすいので、私は治った後も数セッションはテーピングをするようにしている。

スペイン・アルバラシンのZombie Nationに登るショウナ・コクシー　© NED FEEHALLY

瞬間接着剤

　瞬間接着剤（シアノアクリレート）は、クライマーたちが長年愛用してきたものだ。小さい創傷などで縫合の代わりに用いられるなど医療目的でも使われており、役立つものであると断言できる。私は主に、指にテープを固定するために塗ったり、やっかいな爪の付け根部分の裂け目や、爪の内側が割れた（アウチ!）ときに爪が浮かないように塗ったりしている。強力に固まる通常タイプのほか、やや柔軟性をもたせたゴム系タイプもある。私はテープをとめたり、傷を覆ったりすると

きには、指が動かしやすく割れにくい、ゴム系タイプを好んで使っている。瞬間接着剤は水分と反応するので、息を吹きかけると早く固まるようだ。もちろん、シアノアクリレートは刺激物だし、数秒で皮膚が貼りついてしまうので、なんでもかんでも使いすぎるのはよくない。また、チューブをバッグに入れておくなら、缶や箱、ビニール袋などに入れておき、ギアにぶちまけないようにしよう。

　爪の付け根部分の裂け目や、グリップに使わない部分の割れを覆う際のワザだが、傷の上に接着剤をちょんちょんと塗ってから、一

枚に剥がしたティッシュペーパーをその上に張る。乾いたら、余分なペーパーをこすり落とす。ティッシュペーパーの繊維が接着効果を長持ちさせてくれるのだ。ベストなパフォーマンスのためには、セッション中はいつでも、テープを貼りなおしたり、接着しなおしたりできるようにしておこう。ただし、テープは皮膚に比べるとグリップ力は絶対に落ちるので、裂け目や穴、切り傷を覆いつつも、最小限度の範囲で済ませること。

ハンドウォーマー〔携帯カイロ〕

　本当に寒い日にはありがたいものだ。クライミング中はシューズの中に入れておき、レスト中はシューズごとポケットに入れておこう。最近では、USB充電式で、しっかりした温かさが数時間持続するハンドウォーマーもある。携帯電話の充電にも使える。

08
フルクリンプは
鍛えるべきか

フルクリンプは鍛えるべきか

フルクリンプのトレーニングは「危険だ」と言われることが多い。しかし、私の考えでは、フルクリンプを鍛えておくのはとても重要だ。なぜなら、岩場での厳しいムーブでは、カチホールドをハードなクリンプでこなしていくことが多いからだ。だからトレーニングしておいたほうがよい。メリットはふたつ。ひとつは、フルクリンプでの対応力が増し、さらにパワフルに登れるようになること。もうひとつは、ケガのリスクを減らせることだ。

クリンプをするのに遠慮はいらない。

ハーフクリンプvsフルクリンプ

ハーフクリンプのトレーニングだけでは、極小エッジを全力でクリンプする準備としては不十分だ。フルクリンプは、ハーフクリンプよりもずっと能動的なグリップスタイルなのだ。

第4章でみたように、カチホールドでは、オープンハンドやハーフクリンプよりも、フルクリンプのほうが構造的に強い。第一関節と第二関節の屈曲により、ホールドから作用点までの距離が短くなり、指が保持に有利な角度になるのだ。指をこのポジションにするためには、さらに下の第三関節が曲がっていることも必要だ。そうすることによって、第二関節をより鋭角に曲げることができるようになる。手のひらの虫様筋は、このような第三関節の動きや、指が屈曲した状態で手を保持する働きをしている。さらに、これらの関節を曲げることによって、親指と人差し指が近くなるため、親指を人差し指の上に乗せて強度を増すことができる。また、指をさらに屈曲させたときには、指を安定させるのに骨間筋も使われる。

加えて、これらの関節の屈曲が大きくなると、負荷がかかったときに、腱と滑車の相互作用が増加し、保持力がさらに強くなることも知っておこう。

幸い、フィンガーボードでのフルクリンプのトレーニングは、リスクを100%なくせるわけではないものの、完全にコントロールしながらすれば、比較的安全だといえる。ホールドを持ったまま動きを加えることもないし、登っているときに不意に身体が振られて指の向きが変わってしまうこともない。

私にいわせれば、ハーフクリンプやオープンハンドのトレーニングしかやっていないのに、プロジェクトで最大のクリンプ力が発揮できると期待するなんて、頭がおかしいとしか思えない。

幸運は鍛えた指に味方するのだ。

英ガードムズエッジのI Like Ya Cut Gを登るデイブ・バリー　© JOHN COEFIELD

08 フルクリンプ は 鍛えるべきか

英ティンタジェルのMerlin's Beardを登るショウナ・コクシー　© NED FEEHALLY

フルクリンプの力をつかみ取る

　自分にはフルクリンプの力がない、不自然すぎてそもそも無理、などと感じているクライマーは多い。そういう人は、クライミング中、曲げた指がゆるんでオープンポジションになってしまうのだ。クリンプは、ホールドの持ち方としては、必ずしも自然でも快適でもない。だから、多くのクライマーが避け、その結果、不慣れで未熟なのだ。

　もしあなたもそんなクライマーなら、フルクリンプでぶら下がれるように少しずつ鍛えていくことは、きっとあなたのクライミングに役立ってくれるだろう。クライミング歴は長いものの、オープンハンドしかやらず、フ

ルクリンプでぶら下がることがまったくできない人も数多くみてきた。おそらく誰だってオープンハンドのほうが快適だろう。しかし、ハードなクライミングをめざしているなら、絶対にフルクリンプはできるようになっておかなければならない。

　すでに述べたように、フルクリンプには、手の虫様筋と骨間筋の力が必要だ。フルクリンプの練習をほとんどやったことがない人は、もしかしたらこれらの筋肉が弱いかもしれないので、ここを鍛えるのが最初のステップだ。もっと言えば、どんなクライマーでも――カチ好きでもオープン好きでも、初心者からベテランまで――手を健康な状態に保ち、ケガのリスクを最小限にするために、これらの筋

第1段階

肉はある程度鍛えておくべきだ。クライマーの手の健康やコンディションは見過ごされがちだが、私たちが手を酷使していることを考えてみれば、それはとんでもないことではないか。クライマーは自分の手を大事にしよう!

手のケアのためのエクササイズについては、「手と上半身のメンテナンス」(第16章)を参照されたい。そこで紹介するエクササイズは、手をクリンプに有利なポジションにしたり、クリンプしたままそのポジションを維持できるようになることにも役立ってくれるはずだ。

次のステップは、手をクリンプポジションにすることに慣れることだ。これを3段階で行なう方法を紹介する。

第1段階

なにかのエッジ(テーブル、ドア枠、イスなどの端でよい)をつかんで、手をクリンプ持ちの形にしてみる。意識せずに形作るポジションを知っておく。

つかんだエッジをゆっくり引きながら、もう片方の手を使って、クリンプしている指をフルクリンプのポジション(人差し指から小指までの第二関節を90度にする)にする。最初は違和感があるだろう。もしかしたら、ちょっとつらいと感じるかもしれない。

身体がそのポジションに慣れて、クリンプしている指が自然と正しいポジションになるようになるまで、数日でも数週間でも繰り返してみよう。

第2段階

第2段階

　負荷をかけてみよう。ただし、やる前には必ずフィンガーボードでウォーミングアップをしっかりやって、強い力で引くための準備をしておくこと。

　フィンガーボードかエッジの下に立つ。フルクリンプポジションでエッジをつかみ、徐々に引いていく。ただし、足は床につけたままだ！ 指がフォームを保てているか注意を払う。立ったまま片手につき10秒間引く。フォームを保ちながら、できるだけ力を込めてだ。それぞれの手で5セットずつ行なう。セット間のレストは十分にとる。

　数セッションこなせば、指がしっかりとクリンプポジションを保ったまま、力いっぱい引くことができるようになっているのがわかるはずだ。

　クリンプポジションをやりやすくするため

に、フラットかインカット気味のエッジを使おう。スローピーなエッジだと、曲げた指が伸びてオープン寄りになってしまう恐れがある。腕の角度はそれほど重要ではない。伸ばし切った状態でもロックオフでもなく、その間のやりやすい角度でかまわない。

第3段階

　ここまでくると、フルクリンプのポジションにも違和感がなくなっているだろうし、指から目を離しても、正しいフォームになっているかどうかわかるようになっているはずだ。いよいよ両手でやる段階にきた。

　負荷は適宜減らしてもよい。フルクリンプのポジションを保ちながら、体重を両手にかけられるようになるまで、時間をかけてやってみよう。

　登ってみると、以前よりもはるかにクリンプがやりやすく、願わくばかなり強くなっているのがわかるだろう。

　ここまでくれば、マックス・ハングなど、フィンガーボードの通常トレーニングでクリンプの力を鍛えることが可能だ。

まとめ

　クリンプを毛嫌いせず、友達になろう。クリンプが初めての人やあまり経験がない人は、十分注意しながら、ゆっくりと鍛えていこう。

09
ピンチ

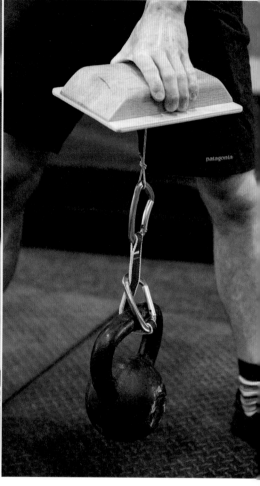

幅の狭いピンチブロックと広いピンチブロック

　昨今のインドアでのトレーニングは、ピンチ力を強化するのにうってつけだ。人工壁ではたいていホールドが壁から出っ張っているため、親指とほかの指とで挟むように持てるようになっていることが多いからだ。ピンチが強くて困ることなどないだろうから、ありがたいことだ。

　ところが、アウトドアでは、ピンチはエッジほど一般的なホールドタイプではない。私はもともとピンチが得意というわけではないが、ピンチ中心のやりたい課題もあまり思い浮かばないので、自分のピンチ力強化についてはあまり気にしていない。しかし、みごとなピンチ力が絶対に役立つであろうシチュエーションもわかっている。たとえば、コンペでボリュームを登るときやハードなコルネのクライミング、花崗岩でのボルダリングなどだ。

ピンチについてひとつわかっているのは、特に大きなサイズのものほどそうなのだが、手の大きさ次第であるということだ。自分の手に収まるピンチであれば持ちやすく感じるだろうが、親指を適切な位置に置けない人は、持てないと感じるかもしれない。

私がピンチでトレーニングしているのは、細くて小さいカチピンチだ。こういうホールドでトレーニングすると、クリンプ力が鍛えられるのがわかった。親指は相対する側に置いているが、ほかの指はクリンプポジションになるからだ。このグリップスタイルは、岩場で、しわレベルの閉じた亀裂、ルーフでのカチなど、親指を上に重ねられないときに役立つ。

||||||||||||||||||||||||||||||||||||||||||||||||||||||||||||||||||

ショウナの手は小さい。小さいピンチなら快適だが、大きいピンチは使いづらいこともあるようだ。そのため、時間をかけて親指をストレッチしてリーチを伸ばし、大きめのピンチでも持てるようにしている。

ピンチ力のトレーニング

実際に登っているときのピンチ力というものだけを取り出してみるのは、なかなか難しい。ピンチホールドは、親指を使ってガシッとつまむように持つというよりも、あれこれ持ち替えたりすることが多いからだ。ピンチをサイドプルに変えたりするが、この典型的なパターンだ。

ピンチブロック

ピンチホールドを使ってウェイトを持ち上げてみよう。ホールドを保持するために、親指を押しつける力以外の力を加えられないため、手と前腕の筋肉だけを使うことになる。実際のクライミングでは肩より上でピンチをすることが多く、ブロックの持ち上げでは肩より下の位置になるが、手のポジションによってピンチの力が変わるのかは、まだなんとも言えない。

ただ、ピンチブロックのトレーニングはシンプルかつ測定可能な方法であり、ピンチ力を鍛えるのに役立つことは間違いない。通常のフィンガーボードトレーニングと同じようにやればよい。つまり、ウェイトを持ち上げて、一定時間保持するのだ。

また、ブロックのサイズは、自分がトレーニングしたいピンチのサイズのものを使用しよう。関節角度15度ルール（P80参照）を思い出してほしい。トレーニングしたいポジションの角度からプラスマイナス15度程度の範囲でないと効果がない。指がすべてクリンプポジションになるような細いピンチの課題のために、大きくて分厚いスローパーのようなピンチでトレーニングしても意味がないだろう。

ボードでのピンチ

ボードでピンチをする

ボードでボルダーのピンチ課題を作るのが、もっぱら私のお気に入りのピンチトレーニング方法だ。ただし、ピンチをサイドプルやレイアウェイ〔レイバックに似た、縦系のホールディング〕に変えることができないようなフットホールドを設定し、また本当にピンチをしなければ登れない課題にする。そうすれば、ズルをしたら自分でもわかる。トレーニングというものは簡単であってはいけないのだ。

ムーブが狭ければ、親指を使わざるを得ないことが多いだろう。反対に、ワイドなピンチのムーブであれば、つまんで持つよりもレイバックをしたくなるだろう。また、ピンチの角度が違うと、持ちやすさも変わってくる。ルートなりボルダーなり、なにか特定のピンチ課題のためにトレーニングしているなら、サイズ、形、角度などができるだけその課題と似ているピンチでトレーニングするようにしよう。

フィンガーボードでのピンチ

フィンガーボードでピンチをする

　自分のフィンガーボードのピンチがまさに
ピッタリだというなら、それでやってもよい
だろう。縦に平行に並んでいて親指が自分側
に位置するようなピンチだと、親指の力とい
うよりも、抱え込みの力で保持できてしまう。
そうならないようにするためには、縦ではな
く水平方向のピンチにして、親指にしっかり
力を入れないと保持できないようにしなけれ
ばならない。

まとめ

　ピンチのトレーニングをするときは、
具体的なピンチを念頭に置いてやらなけ
ればならない。つまり、細いカチピンチ
の課題を狙っているなら、幅広ピンチを
使ってトレーニングしてはいけないのだ。

10
ボードトレーニング

キルターボード © KEVIN TAKASHI SMITH/KILTER

ボードとは何か

　そして、トレーニングボードとクライミングウォールは何が違うのか。

　クライミングウォールとは、さまざまなスタイル、さまざまな難易度で登るためのものである。一方、ボードとは最上の筋力トレーニング装置である。

　トレーニングボードは1980年代、イギリスの家によくある地下室などの狭いスペースに作られたのが始まりだ。まだクライミング施設というものが存在せず、岩場で登るかドア枠で懸垂をちょこちょこっとやるぐらいしかトレーニング方法がなかったその時代に、熱心なクライマーたちがボードを作り始めたのだ。

　クライマーたちは短くて傾斜のあるクライミング用の板を設置し、そこに悪いホールドをどっさりと取り付けた。ボードの最も大切なポイントは傾斜がきついこと、そしてさまざまな難しさが小さなスペースに詰め込まれていることだ。だから登るスペースが小さくても、ハードなムーブに打ち込むクライマーにとっては非常に便利なものだった。

　その後、商業用クライミング施設が登場し、現在では数えきれない種類の壁、ホールド、ムーブに身近なクライミングジムでふれることができるようになった。

　だが、こうした流れのなかでもなお、シンプルなトレーニングボードというものはその存在意義を失っていない。わが家のボードも、私とショウナのトレーニングに大いに役立ってくれている。そして、今日のクライミングの水準を押し上げることに大きな役割を果たしているのだ。

なぜボードでトレーニングするのか

　クライミングでは普通、岩に足を乗せてホールドからホールドへ手を伸ばす。したがって、これがうまくできるようになるためには、

言い換えれば、クライミングがうまくなるためには、この動きをできるだけ難易度を上げ、狙いを明確にしながら再現してトレーニングすればよいということになる。これにうってつけなのがボードなのだ。なぜならクライミングに関連した動きを実際にしながら、傾斜、ハンドホールドとフットホールドのサイズ、ムーブの大きさなどを調節して強度を高く維持できるからだ。いわば、課題を難しくしている要素を強調しながら、ハードクライミングの特徴を再現するのだ。苦手なホールドタイプやムーブにフォーカスした練習がやりやすいし、ムーブごとの強度も適切に高くしておくことができるので弱点対策にもよい。

2020年のコロナ禍によるロックダウンでトレーニングボードを作るのが大流行したこともあり、すでに自分のボードを手に入れられたという人もいるかもしれない。であれば、すばらしい。しかし、みながみな、そういうわけでもないだろう。どこかのジムでボードが使えるようならそれでもよい。しかもそのボードがある程度自分の好きになるなら、なおさらよい。

自分自身のボードを導入しようか検討中の人もいるだろう。キルターボードのように、デザインもセットも決まっている既成品を購入するのもアリだ。こういったものも非常に人気が出てきている。用意された課題の数も膨大な上、ほかのクライマーとバーチャルにつながることもできる。時間に余裕がない、モチベーションが上がらない、まともなトレーニング場所がない、そんな人にはおすすめだ。

ほかの人の課題やムーブなど、自分だったら作らないようなものにトライしてみると、きっと得られるものがある。しかし、自分の弱点のために作った課題やムーブを自らに課すのも効果は大きい。自尊心にとってはつらいことだが、自分のクライミングにとってはよいことだ。

本章では、どんなボードであっても最大限に活用できる方法について述べる。オールラウンドなクライマーになるというのが私の常日頃からの目標だが、あなたもそうなりたいと思っていると想定してみる。私が語るポイントの多くはこのことを念頭に置いたものだ。もちろん何か具体的な目標があってトレーニングしていたり、あるいは、たとえばカチホールドのクリンプには興味がなかったりする場合には自分に当てはまる部分だけ選んでくれてかまわない。

なぜ一般的なウォールではなく、ボードを使うのか

最近のクライミングジムはおもしろくて刺激的なボルダー課題が多いから、それでトレーニングすればよいのでは？　それに対してはこう言いたい。ボードトレーニングは、でかいホールドや変わったムーブ、滑りやすいフットホールドなどがある通常のインドア課題よりもずっとクライミング特有の力（カチホールド、大きいムーブ、強傾斜、一定した難度などで登る力）を高めることに重点を置いたものなのだ。

ボードトレーニングはまた、創造性も育ててくれる。課題を作ろうと思ったら、ムーブについて、さらにホールド同士が互いにどう関係し合うのかについて、どうしたって考える必要がでてくる。こうやっていやでも考えることによって、クライミングに対する理解が深まるのだ。このことは昨今のトレーニングでは見過ごされがちな要素ではないかと感じている。まるで子どもが食事をスプーンで食べさせてもらうかのように、あれこれお膳

立てされており、かつてトレーニング施設が
今ほど充実してなかったころの人たちと比べ
て、創造的で分析的なクライミング脳が育た
なくなっている。

ボードのデザイン

では、自分のボードが作れるとしたら、ど
んなデザインにするべきか。あるいは、すで
にあるボードをどうしたら最大限に活用でき
るのか。すでにボードを使っているという人
は、P129から読み始めてもらってもかまわ
ない。

サイズ

サイズは本質ではない。どう活用するかが
重要なのだ。

巨大なボードだと立派に見えるかもしれな
いが、それがスペースの有効活用になってい
るだろうか。

ジムにあるボードは、大きすぎて使いづら
いことが多い。手が届かなくて掃除できない
ホールドとか、どんな体勢でも持てないよう
なホールドがあるとしたら、そのボードを活
かしきれない。どの課題もスタンディングで
スタートして、下から3分の2ほどのところ

にゴールを設定しているのに、なぜ高いボードが必要になる?

　ボードは最大筋力のトレーニングだ。こういうトレーニングでは5ムーブ以下で行なうべきなのだ。ボードが大きすぎたら、1課題を登りきるのに6〜10ムーブ、あるいはそれ以上必要——そんなことあってはならないが!——になってしまう。そうなれば、ひとつひとつのムーブの強度を十分に上げられず、純粋に筋力にフォーカスすることができない。

　もちろん、大きいボードはサーキットや筋持久力トレーニングに使うことはできる。しかしボードを設置するなら、筋力トレーニングか持久力トレーニングのいずれかに絞り、どっちつかずにならないほうがよいと思う。

角度

　ボードの角度はあなたの目標とスペース次第だ。だが一般的にいえば、角度がきつくなるほど大きなホールドが必要になる。角度のきついボードも角度のゆるいボードも、それぞれに相対的な特徴と利点がある。

傾斜が135度以上

- ▶ 天井高が高くなくても設置可能。
- ▶ 通常、大きめのホールドが必要。
- ▶ 上半身への荷重が大きい。
- ▶ 足をホールドに乗せ続けるために、身体張力がより必要になる。
- ▶「引きつけ系」ムーブよりも「ぶら下がり系」ムーブが多くなる。

傾斜が120〜135度

- ▶ 必要な床面積が少なくて済むため、狭い部屋に適している。
- ▶ 実際の岩に近いような小さめのホールドを使用できる。
- ▶ 腕で引くことが多くなる。
- ▶ やりたければ長めのサーキットも比較的容易。

　自宅にボードを設置しようとするとどうしても避けて通れないことだが、ボードが垂壁に近くなるほど天井高が必要になるため、普通の部屋やガレージでは作れないことが多い。たとえば3mの長さのパネルで135度の傾斜

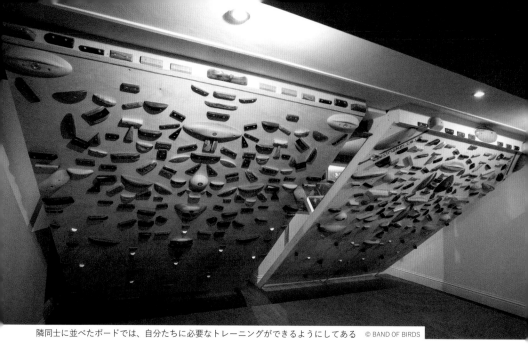

隣同士に並べたボードでは、自分たちに必要なトレーニングができるようにしてある　© BAND OF BIRDS

を作ると2mちょっとの高さにしかならない
が、同じパネルを120度にすると高さがさら
に50cm必要になる。

　筋力トレーニングにおいて傾斜のゆるいボー
ドの最大の難点は、小さくて悪いフットホー
ルドであってもかなり足が使えてしまうこ
とだ。またムーブを難しくしようとすると、
たいてい極小のハンドホールドを使う必要が
出てくる。しばらくやっていると、これが不
快になってくるのだ。皮膚がトレーニングで
のいらぬ制約要因になってしまうのは本来の
筋ではない。傾斜が120度以下になると、お
そらくそういう恐ろしいほど極小のホールド
を持つことになる。少しでも皮膚のことを考
えるなら避けたいものだ。

　もちろん、さまざまな傾斜のボードにいろ
いろなタイプのホールドを付けられれば言う
ことはない。だが、そんなこと普通は不可能
だ。自分のボードを作るなら、どの傾斜にす

るか決めなければならない。だが、それもス
ペースの大きさによって半ば決まってくる。

　私が最初に作ったボードは146度だった。
天井の低い地下室だったことがいちばんの理
由だ。幸い、自分のトレーニングには適した
傾斜だ。ホールドはそれなりに大きい――お
おむね第一関節以上――ものが多く（そうで
ないものもあるが）、快適に登れる。とはいえ
特にインカットでもないし、表面もすべすべ
なので、ムーブをつなげていくためには身体
張力をしっかり保ち、手はめいっぱい強く持
つ必要がある。このボードは私にとって最上
の筋力トレーニング装置だ。もっと低い強度
でトレーニングをするときはクライミングジ
ムに行く。私のクライミングに役立つスタイ
ルで最大強度のムーブのために、ボードはこ
れ以上なく私に合っている。私からのアドバ
イスは、ボードが自分のクライミングにどの
ように役立ってほしいのかよく考えることだ。

最初のボードを設置した後、その隣にもうひとつのボードを作ることができた。このふたつ目のボードはどちらかというとショウナのトレーニング用に調整している。大きめだが持ちにくいハンドホールドと、乗せやすいフットホールドをセットで取り付けている。リーチの必要な遠いムーブの練習をすることが狙いで、足をかき込みリーチを最大限に使った状態で筋力を鍛えられるようにしている。ホールドがインカットだとたいてい彼女には簡単すぎるので、保持しながらムーブをこなすには強い身体張力が必要とされるスローパータイプのハンドホールドを大量に付けた。現在はふたつとも同じ傾斜にしている。だが登り方も磨かれるスキルもまったく異なる。

ハンドホールド

自分のボードを作る余裕があったり、自分で好きにできるボードがあるのであれば、おめでとう。最大限それを活用しよう。ここでボードに使うハンドホールドについて考えてみたい。

▶ 不快なホールドのせいで皮膚が痛くなるのは問題外。

▶ 鋭くて悪すぎるホールドは少なめに。小さくて鋭いカチホールドに強くなるのが目標であれば、数個ならあってもよい。しかし基本的には、快適なホールドで埋められるところは埋めるようにしよう。あなたが剃刀のような鋭いカチホールドで喘ぎたい変態なら話は別だが。

▶ 「快適」というのは、必ずしもガバとは限らない。難しいホールドでも快適なことはある。

▶ インカットすぎるものは使わない。小さくてかかりのよいホールドよりも、なるべく

大きくて持ちにくいホールドにする。

▶ ホールド径は大きいほうがよい。

▶ 丸みのあるホールドがよい。ただし、丸いホールドは指に横からのストレスがかかることがある。

▶ 木製ホールドを使う。樹脂ホールドを使わなければならない場合は、それなりにすべすべしたものにする。皮膚のせいでトレーニングができなくなる事態は避けられるにこしたことはない。樹脂ホールドのほとんどがざらざらしすぎていて、ちょっとやっただけでトレーニングできなくなる。逆にすべすべしたものだと滑りやすい。

▶ 木は多孔質な素材であるため、少しの汗なら吸収してくれる。だが樹脂はそうでないので、汗を吸収させるのにホールド表面にチョークをつける必要がある。

▶ ホールドはいつもきれいに！ チョークが溜まっていくとホールドが滑りやすくなる。レスト時間を使って前のトライでついたチョークを掃除しよう。

▶ 自分が使いにくいと感じるホールドをたくさん付けてみよう。得意なホールドばかり選り好みしてはいけない。

フットホールド

フットホールドが変わると、ボードの登り方がまったく違ってくる。フットホールドの使い方には主に次の3つの選択肢がある。

▶ 足限定
▶ 足専用インカット系ホールド
▶ 足専用スローピーホールド

それぞれの方法にそれぞれの利点がある。

「足限定」ではおもしろいムーブを作ること

ができ、あらゆるタイプのムーブがトレーニングできる。この方法は指の力のほか、体幹の力、コーディネーションのトレーニングにもなる。ヒールフックやトウフックの練習もできるし、使えるホールドをフル活用する方法を学べる。このアプローチは木製ホールドよりも樹脂ホールドのほうがうまくいくことが多いし、おすすめの方法だ。しかし自分で課題を作るとなると、たいていいつものムーブや強みが出せるムーブへと振れてしまう傾向があるので、あくまで弱点克服のための課題を作るように注意しなければならない。

足限定のトレーニングは、いわゆる「まぶし壁」での定番スタイルだ。よい方法なのだが、大きなジムにあるような、サイズの大きなボードが必要だ。普通の自宅ボードだと小さすぎてあまりうまくいかない。それに、付けているハンドホールドが木製のものだと、お気に入りの木製ホールドに足を乗せて傷むのがいやで、フットホールドには特定のホールドを使いたくなってしまうかもしれない。「足専用インカット系ホールド」では足を使ってかき込んだり、引きつけたりできる。足の爪先から手の指先までの筋力を養える全身トレーニングになる。フットホールドをこのスタイルにすると遠いムーブもこなせ、身体のすみずみまで筋力を鍛えられる。足の力はクライミングでは非常に大切なのだが、見過ごされていることが多い。岩場でのムーブは足を低めに置いて体を伸ばすことが多いので、この方法でトレーニングすると役立つ。「足専用スローピーホールド」では手の指、上半身、能動的体幹力にトレーニング刺激を与える。悪いフットホールドを力いっぱい押しつけるのだ。私のボードのメインフットホールドは大きめだがスローピーなので、大きさのわりには効いてくれない。

かかりのよい、インカットしたフットホールド　　　　　　スローピーなフットホールド

　私のボードトレーニングの大半はスローピーなフットホールドを使っている。ホールドに足を乗せておくためには足で押しつける力が必要になるので、クライミング特有の身体張力が鍛えられるのだ。足ブラにならないことに重点を置く課題を設定できるということでもある。だから核心でのムーブはほぼ足をホールドに乗せたままだ。岩場に近い感覚になれる。

　スローピーなフットホールドの第二の利点は、小さくてかかりのあるスタンスに足を置く場合と違って、シューズのエッジに頼る必要がないことだ。つまり足になじんだ使い古しのシューズでよく、高価な最新モデルを履き、爪先の痛みに耐えながらトレーニングしなくてもよいのだ。

||||||||||||||||||||||||||||||||||||||||||||||||||||||||||

　ショウナはポジティブな〔踏みやすい〕フットホールドでのトレーニングを好む。特にハンドホールドから遠いものだ。彼女は背が低く（164.5cm）、フットホールドとハンドホールドの間で伸び伸びになって登ることが多

い。最大限のリーチでのトレーニングをたくさんこなしているので自分の身長をめいっぱい使うことができるのだ。すでに述べたように「彼女の」ボードにはスローピーなハンドホールドとポジティブなフットホールドをセットで取り付けている。

　理想は、足限定で設定した課題に追加するかたちで、スローピーなフットホールド、インカット系フットホールド、それと大きい「ガバ足ホールド」をいくつかなど、ボードに2、3種類のホールドセットがあることだ。ガバ足ホールドはウォーミングアップに適しているし、かき込みムーブで下方向や横方向に体を伸ばすトレーニングにも最適だ。

　フットホールドの選択肢がいろいろあるとボードの活用度がさらに高まる。ハンドホールドのシークエンスが同じでも、使うフットホールド次第でまったく異なる登りが可能になる。限られたスペースであってもトレーニングの幅が広がるのだ。

ホールドのレイアウト

　主に2通りのアプローチがある。まず、さまざまな種類のホールドをランダムに配置する方法。これはムーブに多くの選択肢ができる。また、左右対称になるようホールドをシンメトリーに配置することもできる。こうすると、片側で作ったボルダー課題を、反対側でも登ることができる。どちらを選ぶにしても覚えておきたいことを以下に挙げておく。

▶ 最初にボードにセットするとき、調子に乗っていきなりありったけのホールドを付けるのはやめよう。ありがちな間違いだ。最小限のホールドから始め、登りながら必要に応じて増やしていったほうが長い目で見れば効果が高い。この方法だとホールドのタイプとサイズがボード全体でふさわしい配置になってくれる。じっくりやることが大切だ。まずは最終的に設置する予定のホールド数の25%程度から始め、徐々に増やしていくことをおすすめする。

▶ まずは大きめのホールドを2、3個用意しよう。これらは完全なガバである必要はない。ウォーミングアップはボード以外でできるからだ。それから中サイズと小サイズのホールドをよく選んで間を埋めていく。ボードの際付近にウォームアップ用の大ホールドを付けるのもよい。メインで使う部分から外れたところに付けておけば邪魔になることもない。

▶ 自分の目標次第でさまざまなサイズのエッジ、サイドプルやガストン、アンダーカット、ピンチ、ポケットなどが必要になるだろう。

▶ マッチや持ち替え（ただしピアノスタイル〔指を一本ずつ入れ替えていくような細かい持ち替えを、ピアノを弾くのに見立てた〕ではなく！）が無理なくできるくらいの大きさのホールドもいくつか加えよう。マッチは悪いことではない。岩場ではよくあるムーブだ。ダサいからといって避けてはいけない。マッチのある課題をこなしてから同じ課題をマッチなしでやれるように練習するとレベルアップによい。

▶ ホールドはバランスよく配置しよう。ありったけのカチホールドを片隅に集めるのも、ボードの上のほうにアンダーカットをどっさり付けるのも意味がない。セッションをいくつも重ね、数週間、時には数カ月かけて根気強くゆっくりとボードをセットして

いこう。そうすればホールドは適材適所に
収まってくれる。また使っていきながら、
いろいろ動かしてみたっていいのだ。

▶ハンドホールドの密度について考えよう。
ボードをできるだけ活用しようと、ホール
ドをたくさん加えたくなってくるだろう。
しかしながら、ボードにあまりにちりばめ
すぎるとうまく登れなくなることがある。
私がメインで使っているボードは幅244cm、
長さ366cmで、130個のハンドホールドが
付いている。これ以上増やすとホールド同
士が互いに邪魔し合う。ホールドがお互い
に触れないようにしている理由はふたつあ
る。ひとつは主に、見た目にそのほうが好
みだからだが、もうひとつは、登っている

ときにほかのホールドにぶつからないよう
にするためだ。

▶フットホールドの密度にも注意しよう。使
いすぎてはいけない。2、3種類のホール
ドをボードに分散させよう。私のメインボー
ドはフットホールドが24個付いている。
「ビーストメーカー」の「クロームドーム」
が12個と、自作の木製スローピーホール
ドが12個だ。フットホールドが多すぎる
と選択肢が多くなりすぎて、ひとつのボル
ダー課題に対して足のムーブが多くなりす
ぎてしまう。逆にフットホールドが十分で
ないと、飛び系ムーブが多くなってしまう。
繰り返すが、じっくりゆっくりバランスを
とりつつ追加していこう。

自宅ボードはシンメトリーなホールドレイアウトにしている

シンメトリーとは

　シンメトリーなボードのアイデアというものは以前からあった。当初はホールドを規則的に上からから下まで配置した完全なシステムボードだった。最近になって左右対称なボードをよく見るようになった。いろいろなタイプのホールドがまんべんなく配置され、ボード中央が鏡面のようになっており、両サイドで同じムーブの登りができる。つまり身体を左右同じようにトレーニングできるのだ。私は従来のようなランダムにホールドを設置したボードよりも、むしろこのようなミラースタイルのボードのほうが好きだ。インドアにしろ岩場にしろ、ルート課題もボルダー課題もシンメトリーなものではない。だから必ずしもこのスタイルでトレーニングしなければならないわけではない。だが、これが有用である理由はいくつもある。

▶ 両サイドで同じムーブができるので、身体を左右均等にトレーニングすることができる。クライミングというよりも、いかにも「トレーニング」という感じで悪くない。
▶ 片側だけにある弱点を洗い出し、克服するのに効果的だ。
▶ ケガのリハビリで、ケガをしていない側と比べて回復具合を見ることができる。
▶ 作った課題それぞれ、2倍登ることができる。
▶ シンメトリーなボードは見た目が整然としている。これは重要!

　私はいつも課題を左右で登るようにしている。セッションでは、両サイドで登れないと登れたことにはしていない。

ボードトレーニング

　自分自身のボードではなくても、ボードトレーニングをするならば、次のことを頭に入れておこう。

忘れるな、あなたはトレーニングをしているのだ

　ボードでのトレーニングはあくまでもトレーニングだ。なにがなんでも完登することではなく、鍛えるべきところを鍛えるのが目的なのだ。たとえば身体張力を強くしたいならボードでキャンパシングばかりやっていてはいけないし、クリンプを強化したいなら得意なピンチばかり取りにいってはいけない。

　クライミングスタイルについても同じことが言える。もしも最小限の足のコンタクトでホールドからホールドへとジャンプするのが簡単に感じるなら、足とフットホールドの接触時間をムーブごと課題ごとにできるだけ長くして、登るスピードをゆっくりにしてみるべきだろう。

　以上のことは、あまりにも基本的な考え方だと思うだろうが、多くのクライマーが間違った理解をしている。トレーニングというのは上達するために行なうものだ。自分にとって難しいことが簡単にできるようになるまで繰り返すことであって、自分が得意なことを見せびらかすことではないのだ。

シンプルさを保つ

　ボードクライミングは基礎的な動きであるべきだ。クライミングの動きの複雑さを減らすということは、最大筋力だけが要求されることをやるということだ。ハードに動けるようになることがボードクライミングでの目的であり、あくまでフィジカルの追求なのだ。

一般的にいって、ボードではシンプルに登ったほうがいい。腕や指への荷重を減らすヒールフックやトウフック、深いキョンなどは避けよう。このような比較的複雑な動きは、スペースが広く、壁が立体的でホールドバリエーションも豊富なクライミングジムや岩場で練習するほうがよい。ボードはシンプルな筋力トレーニングに使おう。

トレーニングではなんでもそうだが、ボードクライミングは上達させたいことにしっかりフォーカスさせたものでなければならない。ボードクライミングでは怪物並みなのに、岩場になるといつも振るわないクライマーは誰でも見たことがあるだろう。常に大局観を持ってトレーニングし、セッションには自意識を持ち込まないこと。

ただし、上手に登ろう

ボードクライミングは本質的には技術が必要なものでないが、だからといって雑に登ってよいわけではない。たとえば足のムーブが核心だったら、そこは飛ばさずぐりぐりと乗せていこう。登ろうとする課題にルールを設定して難易度を調節してもよい。たとえば、このフットホールドを使わない、親指は使わない、このホールドは指3本、いつもと違うフットホールドを使う、などだ。だが、うまく登ることに常に集中すること。ただ力任せに上まで登ってよしとするのではいけない。

ハンドホールドのタイプとムーブ

ボードでのクライミングのすばらしいところは、うまくセットされたボードであれば、狭いスペースのなかでさまざまなムーブやホールドタイプの練習ができることだ。ウォームアップ用に大きめのホールドがひとそろいあるといいだろう。だがそれよりも必要なのは、小さくハードなホールドをできるだけ用意することだ。**ボードを自分の弱点用にカスタマイズし、自分がそれを全然できないということを受け入れるのだ。**仲間がふらっとやって来て、あなたにとっての最難課題をサクッと登ってしまうこともあるかもしれない。だが、あなたはこれから伸びる人間なのだ。自分の強みを利用して簡単にこなすよりも、弱点克服のための課題を苦労して登るほうが、はるかに得るものが多い。

課題のスタイル

クライマーはそれなりに大きめのホールドを使って大きいムーブをすることを好むことが多い。そういうものは登っていて楽しい。

広いムーブ

狭いムーブ

きっとある程度は自分のクライミングに役立つだろう。しかし、実際の岩場でインカットのホールドで大きなムーブばかりの課題がどれほどあるだろうか（確かにゼロではない。だが普通はない）。小さいホールドや、かかりにくいホールドを使い、全身の動きに集中しながら小さめのムーブをこなす課題で練習するほうがずっと役立つと思う。私の考えでは、でかいホールドやインカットホールドでできるかぎり大きいムーブをこなすよりも、悪いホールドから悪いホールドへ張力を維持しながら登るほうがずっと学びが多い。もちろん、まんべんなくかじるのはよい。だが最近はどこにでも足を飛ばすようなバカでかいムーブの練習が流行っているようだ。見栄えはいいかもしれないが、そのわりにそれほど岩登りに役立つとは思えない。

広いムーブか狭いムーブか

　私は体格のせいで、広いムーブよりも狭いムーブのほうがずっと難しく感じる。そのためボードトレーニングでは狭いムーブに身体をねじ込むことに多くの時間を割いている。逆に、広いムーブのほうが難しいと思うならば、そういう練習ができる課題をやるようにしよう。毎度のことながら、自分にとって必要なトレーニングはこれだと決めた上で課題やセッションを調整しなくてはならない。

||||||||||||||||||||||||||||||||||||||||||||||||||||||||||||

　ショウナはリーチいっぱいいっぱいのクライミングのトレーニングをしている。彼女にとって小さく狭いムーブは簡単に感じるが、身長が低いため、リーチを最大限に使ったクライミングをたくさんやることが有用なのだ。

アンクルウェイトを使って難度を調節する

課題の長さ

　ウェイトをつけた状態で、ひとつひとつの
ムーブを「レップ」、そのボルダー課題を「セ
ット」だと考えてみよう。つまり、「きつさ」
という観点でいえば、3ムーブの短い課題で
あれば、3レップが最大レップになるウェイ
トトレーニングのようなものだ。

　ムーブのハードさをキープできれば、以下
の効果がある。

▶ 1〜5ムーブで最大筋力
▶ 5〜15ムーブで筋持久力
▶ 15ムーブ以上で完全な持久力トレーニン
グ

ウェイトとアンクルウェイト

　私はこれまでアンクルウェイトを使ったトレーニングを何年も続けてきて、いろいろとうまくいっている。アンクルウェイトは、ボード課題の難度を調節するのによい方法だ。2、3セット用意できれば、いろいろ組み合わせて、セッションのバリエーションを増やせる。私は0.5kg（片足）のウェイトから始め、今では5kg（片足）のウェイトをつけて登れる課題もある。アンクルウェイトを使って登るときは、スローピーなフットホールドや甘いフットホールドなどを使ったほうがはるかに高い効果が得られると思う。インカットが強すぎると、効果がまったくないとは言わないが、少ない。

　アンクルウェイトのほうがウェイトベルトやウェイトベストよりもなにかと優れていると考えている点は、次のとおりだ。

▶少ないウェイトでもハードだと感じられる。
▶足を置くときにかなり慎重にならなければならず、足さばきの正確さが鍛えられる。
▶身体張力を磨くことができる。足ブラをすると痛い目にあう。
▶ベストやベルトよりも邪魔にならない。
▶練習場所を移動するときも、軽くて持ち運びがラク。
▶ズボンの下につけていても目立たない。

　登っているときにウェイトをつけると身体の重心が変わってしまい動きに変な癖がつい

てしまうという人もいる。一理あるかもしれないが、ボードトレーニングでウェイトをつけようとしている時点で、すでにそれなりの経験を積んだクライマーであり、動きについてはすでに多くを学んでいるだろう。きっちりとチューニングされた動きのパターンをウェイトつきのクライミングで上書きしようとしたって何時間もかかる。もし実際にウェイトをつけて数セッション登った結果、あっという間にウェイトなしでの登り方を忘れてしまったなんてことがあれば、おそらくあなたはクライミングに向いていない。

　ウェイトをつけると、いやでもハードなトライの仕方を学べる。ハードなセッションをするには自分の限界の75〜95%程度の力で登れる課題をいくつか選び、2〜3kgほどのウェイト（ベストやベルト、理想はアンクル）を加えて、選んだ課題をひとつひとつ登るとよい。登れる課題だということはわかっていても、ウェイトをつけるともうひと搾りしなければならないだろう。

　新しい課題を作りたくないが変化がほしいとき、ウェイトを加えてみるとセッションに変化をつけることができる。ウェイトを加え、そのままいつものとおりやってみよう。急に難しく感じるだろう。

　総じて言うと、トレーニング刺激に変化をつけたかったらウェイトを加えるのが簡単で便利な方法だと思う。ただし、身体にかかる強度が高いのでやりすぎないように。

セッションを構成する

> ボードでのトレーニングは、
> 常に最難の課題を登るもの
> ではない

ウォーミングアップ

ボードを登るのはその本質からして強度の高いことなのだ。比較的簡単なボード課題であっても、岩登りやジムの普通の課題に比べれば身体にとってはハードワークだ。

ボードトレーニングでは、調子のよいときだけ登って、登れたプロジェクトにチェックを入れていくのではなく、数をこなすやり方がよい。

5〜10課題でウォームアップサーキットを作ってみよう（シンメトリーなボードの場合は各課題を左右で行なう）。ウォームアップの後で、さまざまなスタイルのプロジェクトにトライするのだ。セッションごとにウォームアップ課題を登れば、そのたびに数を稼ぐことができる。

もちろん、ここで言う「ウォームアップ」は厳密な意味のものではない。本当に最初にやるウォームアップは、ボード以外でやることが多い。フィンガーボードだったり、懸垂だったり、壁を登ったりすることもある。その後にボードに取りつき、ウォームアップサーキットをやるのだ。まずはいちばん簡単な課題から始め、少しずつ難度を上げていき、最後は80%くらいの力で登るハードな課題をやる。

私の場合、ウォームアップサーキットの難易度は、調子のよいときは一撃できるが、普通は何本かは数回かかるようなレベルに設定している。いつも全部登れてしまうものであってはいけない。登れることは確実だが、真剣にトライしなければならないのだ。

このウォーミングアップ方法だと、身体の調子をチェックして、その日のセッションのスタートラインがどこだか把握することができる。それによって、そのセッションで何をするべきか決めることができる。もしもハードなセッションを計画していてウォームアップサーキットでいつもよりも落ちる回数が多いようなら、その日は限界の力では登らないほうがいいかもしれない。徐々にウォームアップ課題に慣れていくだろう。そうすれば、残りのセッションをどうするか、調子に合わせて調節することができる。

ウォームアップの難度を上げるには、
- 課題と課題の間のレスト時間を短くする。
- 悪いフットホールドを使ったり、いつもとは異なる置き方をしてみる。
- ウェイトを増やす（一度に2、3kg）。または、アンクルウェイトを一度に0.5kg。
- ウォームアップで登る課題を増やす。
- よりハードなウォームアップ課題を作る。

最初はウォームアップ課題を必死になってやることになるだろう。だが、だんだんと簡単になっていき、いずれはいちばん簡単な課題を外して、さらに難しい課題を組み込んでいくようになる。

セッションの強度

　ハードなボードセッションでは、課題の成功と失敗の割合が50対50でトレーニングする。つまりウォームアップサーキットとハードなプロジェクトをするときは、クライミング時間の50%を登れる課題に、残りの50%はプロジェクトのハードなトライに使う。もっと軽めのボードセッションでは成功と失敗が75対25。つまり、登れる課題に多めに時間を使ってプロジェクトは少なめにしている。

　ボードセッションで数を稼ぐとよい理由は、身体をストレニュアスなムーブに慣れさせることができるからである。もしも自分の100%以上の力を出すプロジェクトしかしないと、マットの上に座っている時間が多くなり、実際に筋肉を使う時間がとても少なくなる。こうしたプロジェクトは楽しいには楽しいが、それなりの欠点もあると思う。もちろん自分の限界以上のプロジェクトを時折入れていくのはよい。しかし、私の考えでは、通常のボードセッションでは多少でも数を稼ぐトレーニングを入れていくべきだと思う。

　私はウォームアップサーキットだけで終わる軽いセッションをやることもある。これがボードで行なう最も軽いセッションだ。時間がないが体を動かしておきたいときにはクライミングジムに行くよりも簡単だ。

私のいつものボードセッションの構成

　普通は週に2、3回行なう。ただし、その週に岩場でどのくらい登っているか、仕事がどれくらい忙しいか、特定のトレーニングを行なっている最中か、ケガをしていて配慮が必要か、などといった要因によって変化する。

▸ フィンガーボードでウォームアップ。マックス・ハングを3〜4回やって、指をしっかり暖める。

▸ 最も簡単な課題から始め、ウォームアップ課題を10個登る（シンメトリーなボードの場合は左右で1回ずつ）。マンネリしないよう、フットホールドのタイプはセッションによって変える。

▸ トレーニングしたいもの——クリンプ、ピンチ、張力、肩を使うムーブなど——1、2カ所に焦点をあてて、1時間ほどいろいろなプロジェクトを登る。

▸ 最後にアンクルウェイトをつけて、ほどよい大きさのホールドを使った簡単な課題をいくつか登る。

▸ 終了。食事とストレッチ。

||||||||||||||||||||||||||||||||||||||||||||||||||||

　ショウナのいつものセッションは、私のものよりもリラックスしたものだ。彼女は私よりもボードでのクライミングが簡単に感じるようで、それほどハードにトライをする必要がないのだと思う。通常フィンガーボードでウォームアップしてから、大きいフットホールドを使ったウォームアップ用のボルダー課題5つをひと通り登る。その後、小さいフットホールドのウォームアップ用ボルダー課題を5つ登る。このときに自分の調子を測る。調子がいいと感じれば、ハードなプロジェクトに取りかかる。イマイチだと感じれば、その日は数を稼ぐセッションに変えて、自分の限界の50〜70%程度の課題をいくつも登る。セッション時間は1、2時間。そのセッションの前後にどれくらいのトレーニングが入っているかによる。

一手ごとに足を蹴って離す

ボードセッションを微調整する

ここで紹介するアイデアは、セッションに変化をつけて、飽きずにセッションを続けることができるようにするためのものだ。

▶いつもと違うフットホールドを使う。自分にとって標準レベルの課題で、足場をひとつに決めずに登る練習だ。

▶ウェイトを加えてみる（足首でもどこでも）。

▶成功失敗比率を調節する。つまり、簡単な課題をウォームアップサーキットにいくつか加えて数を稼ぐセッションにしてみたり、逆に難しい課題を加えてハードなセッションにしたりする。

▶ハードなボードセッションでは、成功失敗割合が50対50のものがよい。だが、こればかりをやらないように。

▶簡単な課題ふたつを、上がったり下がったりしながらつなげたり、ひとつ完登したらレストなしですぐさま次の課題を登ったりする。

▶レスト時間を少なくする。

▶足ブラにならない。

▶一手ごとに足を蹴って離す。

138

▶ 一手ごとに足を離して3秒ぶら下がる。

▶ 既存の課題を「親指なし」で登ってみる。

▶ 一手ごとにロックオフをする。次のホールドに手を伸ばしたら、そのまま3秒待ってから次のホールドを保持する。こうすると登るペースが遅くなる。ボード課題では素早く登ることが多いが、ムーブをロックするとゆっくり登ることができるので、より正確に「普通」のクライミングのように登ることができる。

まとめ

　ボードクライミングはトレーニングとしてすばらしいものだ。「普通の」クライミングと同じくらい楽しい。だが身体的にはさらにストレニュアスであるため、指の力、身体張力、引きつけ力など重要な力を鍛えることができる。

　ボードクライミングでは動きが重要だ。もっと基礎的な筋力トレーニング、たとえばフィンガーボードやクライミング以外でのトレーニングなどとは異なり、この動きの要素こそがクライミングへとつながっていくのだ。

　ボードクライミングでは、ムーブを考えたり課題を作ったり、創造性も培われる。トレーニングでのこうした要素はとても重要なのだが、最近ではトレーニングをするにもクライミングジムがあらかじめ考えておいてくれるので、このような要素は見過ごされてしまうこともある。

　ボードトレーニングはクライミングとトレーニングとの完璧な融合だと思っておこう。

　ボードトレーニングはフィジカルにハードだ。だからこそおもしろい。

何をすればよいか

　ボードクライミングは普通のクライミングセッションよりも強度が高い。初めてボードクライミングをやるなら決して張り切りすぎないこと。

　自分の弱点つまり向上させたいものに合わせてムーブや課題を作ってみよう。

11
持久力
トレーニング

この数年で持久力トレーニングについて多くのことが語られてきた。ランニングや自転車競技のような持久系スポーツの科学的知見をクライミングに当てはめるのは容易だし、それなりに応用はきくだろう。しかし、それらとクライミングトレーニングには類似点がある一方、当然ながら相違点もある。

クライミングは同じ動きを繰り返すようなスポーツではなく、力を出す時とそうでない時とを断続的に繰り返す。また、クライミングはランニングや自転車競技に比べると、比較的小さな筋肉群を使うため、概して呼吸循環機能への負担はずっと少ない。

スポーツクライミングや持久力トレーニングにハマっている人にとっては、本章に書かれている程度のことはすでにご存知だろう。持久力に関する章立てをすべきかどうか、私も悩んだ。はっきり言って、持久力トレーニングは退屈だ。だが同時に、重要なものでもある。それは、パワー系のクライミングにフォーカスしている人にとっても言えることだ。持久力が高まれば、ボルダー課題のトライとトライの間の回復が早くなり、トレーニングをもっとハードにやれるようになるのだ。ここではまずは大事なことだけに絞ったトレーニングを紹介するので、できれば退屈しないでほしい……。

エネルギーシステム

クライミングでは、強度の違いによって身体に求められることも異なってくる。簡単なムーブを大量に連続して行なっているとき、前腕は酸素を使って（炭水化物、脂肪、タンパク質から）エネルギーを生み出す。酸素と栄養は、体内を循環する血液によって運ばれる。このとき血液は、筋肉が産生した老廃物も取り除く。

有酸素性エネルギーシステムでは、前腕筋群に小さいエネルギーを無限に供給することができる。つまり、小さなエネルギーで登れるような簡単なクライミングでは、疲労することなく登り続けることができるということだ。また、レスト中はこのシステムが働いて、筋肉にエネルギーが再供給され老廃物が取り除かれる。

しかしながら、クライマーというのはよりハードなクライミングを求めてしまうものだから、ハードなムーブにハードなムーブをどんどんつなげていく。ムーブの強度が高くなり、強い力で保持しなければならなくなると、収縮した前腕筋群が毛細血管を圧迫し、血流が少なくなる。こうなると筋肉に酸素が届かず、酸素を使ったエネルギー供給をすることができない。筋肉は自身の内部に蓄えたアデノシン三リン酸（ATP。細胞にエネルギーを届ける分子）とグルコースからエネルギーを得なければならない。

このような**無酸素性エネルギーシステム**では、大きなエネルギーを供給できるものの、

供給時間には限界がある。はっきりとはわかっていないが、何らかの理由で無酸素性エネルギーシステムは短時間しかエネルギーを供給できない。だから、ハードなムーブを立て続けにこなすと疲労がたまっていき、最終的には保持できなくなってしまうのだ。

クライミングにおける持久力を簡潔に述べるにあたって、2種類の無酸素性エネルギーシステムについてみてみよう。

解糖系システム（無酸素性）では、グルコースがエネルギー源として使われ、乳酸が産生される。このエネルギーシステムが供給してくれるエネルギーでは、およそ10〜30手くらいのハードムーブを続けて行なうことができる。

ATP-CP系システム（無酸素性）では、ATPをエネルギー源として使う。筋肉は最大の力を発揮することができるが、発揮時間はとても短く、ハードなムーブは1〜5手程度だ。これによって出せる力が最大筋力ということになる。

サーキットトレーニング用のボードで
持久力を鍛える

まとめると、

エネルギーシステム	エネルギー供給スピード	エネルギー源	発揮時間	用途	クライミング例	摘要
有酸素性	遅い	酸素+炭水化物/脂肪/タンパク質	一日中	低強度のムーブを長時間。レスト中に筋肉にエネルギーを再供給	一日かけて登る、簡単なマルチピッチクライミング	長時間持久力
解糖系（無酸素性）	速い	グルコース	20秒〜2分	短時間の高強度ムーブ	10m続くハードなクライミング	短時間持久力
ATP-CP系（無酸素性）	瞬発的	ATP	10秒未満	自分の最大強度のムーブ	強傾斜での3ムーブボルダー課題	筋力

英マラムコープのThrillerを登るジュール・リトルフィールド　© STU LITTLEFAIR

もちろん、これらのエネルギーシステムは複数同時に働く。通常のクライミングセッションでは、筋肉は3つのシステムすべてが働いてエネルギーを得るし、登る対象が変われば使われるシステムの配分も変わる。

単純だがとても重要なことは、ムーブごとに使うエネルギーが多くなれば、その分、供給されるエネルギーもみるみる減っていき、早く疲労していく。つまり、筋力または体力、あるいはその両方が向上すれば、よりハードなムーブを連続してこなせるようになるのだ。

優先すべきもの

目標が異なれば、必要なスキルも異なる。私自身は、ボルダラーとして高いレベルの筋力に加え、長めの課題のためにそれなりの短時間持久力も必要だ。長めのボルダー課題といっても、実際にはせいぜい20手ほどだ。それ以上長かったらトライする気にならないだろう。リードクライマーの体力というのはすさまじい。ハードなムーブをこなしながら30m以上もの高さを、途中のわずかなレストだけで登りきるなんて、私には信じられない。本当にすごいと思う。

しかしながら、有酸素性の長時間持久力エネルギーシステムをそれなりに発達させることも自分には必要だと思っている。なぜなら、ボルダー課題のトライの合間に回復を助けてくれるからだ。とはいっても、持久力トレーニングにできるだけ時間を費やしているというわけではない。年に一度、長時間持久力トレーニングをまとめてやるようにしている。高強度のクライミングやトレーニングとは違うことをしたほうがいいなと思ったときや、あるいは、丸一日登ることになるツアーのため、課題の合間に効果的にリカバリーできる

ようにしておきたいと思ったときなどだ。

||||||||||||||||||||||||||||||||||||||||||||||||||||||||

オリンピックのためにショウナが行なったトレーニングは、ボルダリング、リード、スピードのコンバインド形式で戦えるようにするためのものだった。ボルダリングのためにはできるだけ筋力をつける必要があるし、リードでは30〜40手のルートをわずかなレストで登るので、高いレベルの短時間持久力も必要だった。また、競技の合間には素早く回復しなければならないから、高いレベルの長時間持久力も不可欠だ。彼女はクライミングやフィンガーボードに数えきれない時間を費やして、短時間持久力、長時間持久力を鍛えた。気の遠くなるようなことだったが、彼女は一切妥協しなかった。それがアスリートというものだろう。だから彼女は強いのだ!

自分にとって重要な持久力が何なのか明確にし、それに応じてトレーニングする必要がある。
▶1〜5手のボルダー課題では、持久力はほとんど必要ない。
▶5〜20手のボルダー課題や短いルート課題では、短時間持久力が必要。
▶60手以上のルート課題では、主に長時間持久力が必要。

もちろん、課題の長さはさまざまであり、最大筋力を必要とするものから無限の有酸素性持久力を必要とするものまでいろいろある。しかも、リードルートではたいていレストごとに異なる核心が出てくるため、どちらも必要になってくる。

どうやって持久力を鍛えるか

　では、もっと「登れる体」になるためには具体的にはどうすればよいか。以下の4つの方法がある。

1 より効率的に、より素早く登り、ムーブごとに使うエネルギーを少なくする。もちろん、これで実際に体力がつくわけではない。だが疲労を遅らせることはできる。
2 筋力をつける。ひとつひとつのムーブに必要な筋力の最大筋力に対する割合が少なくなれば、続けてこなせるムーブが多くなる。
3 長時間持久力をつける。
4 短時間持久力をつける。

　残念ながら、本書は効率的な動きを身につける方法を指南するものではない。筋力のつけ方については、ほかの章で語った。そうなるとあとは、長時間持久力と短時間持久力のトレーニングだ。

長時間持久力
　長時間持久力を鍛えるには、自分の最大強度の40%以下の低い強度でたくさん登る。つまり、やさしい壁で15〜20分間休まず登り続け、終わるごとに長めのレストをするのだ。
　ワーク・レスト比は1：1にする。つまり、15分登ったら、15分レストする。パンプ度は10段階のうち3くらいにしておく（10段階のうち、0はまったくパンプしていない状態、10はこれ以上持てない状態）。これを1セッションのうち最大で3回やってみよう。こういう長時間持久力トレーニングは、シンプル

だがけっこう退屈だ。核心ムーブのような張り合いもなしに、簡単なムーブを淡々とこなすのだ。
　このトレーニング方法だと、前腕に多くの適応が起こる。特に毛細血管を発達させ、筋肉に酸素とエネルギー源をより多く届けることができるようになる。
　このような長時間持久力トレーニングは比較的強度が低いので、ほかのトレーニングとも両立しやすい。私はボルダリングやフィンガーボードのセッションなど別のトレーニングの後にやっている。ただ、筋力トレーニングの前には絶対にやらない。週に2、3回やっても、ほかのトレーニングに大きく影響することはない。
　それなりの長時間持久力がついたとはっきりわかるには、少なくとも8週間は続ける必要がある。週に2時間ほどやってみよう。2時間まとめてマラソンセッションとしてやってもいいし（なかなかしんどいが）、細切れにしてやってもいい（心情的にはこちらのほうがハードルは低い）。持久力強化が自分の優先事項なのであれば、週に2時間以上やってもいい。ただし、そうなるとほかのクライミングやトレーニングなどに影響してくる可能性がある。

短時間持久力
　短時間持久力のトレーニングにはいくつかやり方があるが、いずれにせよ長時間持久力トレーニングよりもやる量は少ない。だが、強度はずっと高く、自分の最大強度の70%ほどのトレーニングになる。
　クライミング用語でいうと10〜30手のハ

スペイン・チュリージャのLos Veteranos を登る
ジュール・リトルフィールド ©STU LITTLEFAIR

ードムーブをする。何手にするかは、自分が取り組んでいるルートやボルダー課題に合わせて調節する。ワーク・レスト比は1：3。つまり、1分登ったら、レストは3分。これを4〜5回行なう。かなり頑張らないといけないレベルで、理想的には、最後の2回くらいは落ちて終わるくらいの難度がよい。

ボルダリング壁でやる無酸素エクササイズでは、4×4が定番だ。まず、自分の最大強度の70%ほどのボルダー課題を4つ選ぶ。1つ目の課題を続けて4回登り、登るのにかかった時間の3倍の時間をレストにあてる。これを2つ目、3つ目、4つ目の課題と繰り返す。

理想的には、10手ほどの課題で、とびぬけて難しいムーブはなく、どれも難度が揃っ

ているものがよい。課題のタイプは少しずつ変えるとよいだろう。オーバーハングのクリンプ課題4本などはだめだ。強傾斜のパワー系課題あり、スローパー課題あり、身体張力を要求する課題あり、といった感じだ。

短時間持久力トレーニングは強度が高い。やった後は必ずレスト日が必要だ。場合によっては前日にもレスト日を設けて、ハードなムーブを多くこなせるよう、しっかり体を休めて充電しておこう。

短時間持久力を身につけるためには、週2回のトレーニングを最低6週間続ける必要がある。

フィンガーボードでの持久力トレーニング

　長時間持久力や短時間持久力は、フィンガーボードでも鍛えることができる。定期的にクライミングウォールが使えるわけではない場合などに取り入れるとよいと思う。このトレーニングは、すさまじく退屈だ。ただ、効果はある。前腕はフィンガーボードとクライミングの違いがわからないので、同じように反応してくれるだろう。

長時間持久力のフィンガーボードトレーニング：これは有酸素性持久力のセッションなので、前腕のパンプはわずかだ。パンプ度でいうと、10段階の3より上になることはない。持てなくなることはないはずだ。もしもそうなったら、強度を下げたほうがいい。適度な強度にするのに少し時間をとられるかもしれないが、必要に応じてウェイトを加減すればいいだけだ。

トレーニング	長時間持久力のためのフィンガーボードトレーニング
効果	クライミング中や各トライの間、各セッションの間の回復力を鍛える
内容	持ちやすいエッジを使って、リピーター（7：3）×6、レスト1分で1セットとする
セット数	10セットやり（ハング時間は10分）、レスト10分で、1バウトとする
バウト数	3バウトやる（ハング時間は30分）
負荷	プーリーを使って、使用しているエッジで限界値の30〜40%まで負荷を減らす。あまりパンプさせない状態で長時間行なうためである
レスト	ワーク・レスト比は1：1。つまり、セット間のレストは1分、バウト間のレストは10分
発展	補助を減らして負荷を上げる
頻度	週に2セッション
期間	8〜16週間
いつ行なうか	低強度のエクササイズなので、ほかのトレーニングとも両立しやすい。クライミングトレーニングの後にやってもよい。ただし、筋力トレーニングの前にはやらないこと

トレーニング	短時間持久力のためのフィンガーボードトレーニング
効果	より多くのハードなムーブを力尽きることなく連続して行なう力を鍛える
内容	持ちやすいエッジを使って、リピーター（7：3）×6、レスト3分で1セットとする
セット数	6セット（ハング時間は6分）で、1バウトとする
バウト数	強度が高いので1バウトで十分
負荷	プーリーを使ったりウェイトを加えたりして、使用しているエッジで限界値の70〜80%になるよう調節する。かなりハードに保持するレベルでなければならない。最後の2、3セットでは、最終ハングで落ちて終わるくらいにする
レスト	ワーク・レスト比は1：3。つまり、セット間のレストは3分とする
発展	補助を減らしたりウェイトを追加したりして、負荷を上げる
頻度	短時間持久力が優先事項である人は、週に2回。同時に筋力トレーニングに取り組んでいる人は、週に1回
期間	少なくとも6週間
いつ行なうか	このエクササイズの後は、必ずレスト日を設けること

有酸素性持久力のトレーニングでは、強度を低めにして、すべてのセットを完遂できるようにするのが望ましい。強度を上げすぎて、最後のセットまでたどり着けないのはだめだ。

短時間持久力のフィンガーボードトレーニング：ハードなエクササイズであり、セットをすべてやり通すには、相当頑張らないといけない。強度がかなり高いので、終わったらレスト日を設けよう。

ピーク

上で紹介した方法でやれば、持久力の基礎がしっかりと築けるだろう。トレーニングの「基礎局面」では、週に長時間持久力を2時間、短時間持久力を2セッションやり、これを8週間ほど続けてみよう。

最高のパフォーマンスを発揮したかったら、基礎局面の後に強度をさらに高めたピーク局面を6週間追加して、ベストな状態を迎えられるように調整しよう。ピーク局面で行なうトレーニングは、自分が達成したい目標に特化したものでなければならない。

こう言うと、ちょっとややこしくて面倒だと思うかもしれないが、要するに、難度、長さ、スタイルにおいて、可能なかぎり自分の目標に近づけたトレーニングをするべきだということだ。たとえば、目標と同種の核心ムーブを組み合わせて適当な長さのサーキットを作ったり、あるいは、適切な角度の壁や適切なホールドタイプの似たようなルートをジムで登ったりするということだ。ピーク局面でのトレーニング内容を自分の目標に近づけられるほど、そこから得られるものは大きくなる。

まとめ

長時間（有酸素性）持久力は、小さいエネルギーを長時間発揮するものだ。この働きがよいとクライミング中や、トライとトライの間、セッションとセッションの間での回復の助けになる。長時間持久力のトレーニングは、簡単だが退屈だ。

短時間（無酸素性）持久力は、大きなエネルギーだが、発揮時間は比較的短い。短時間持久力が強いと、パンプしたり「電池切れ」になったりせずに、ハードなムーブを連続してこなすことができる。短時間持久力を鍛えるのは、きつくて苦しいが、やりがいを感じられる。

持久力の基礎が築けたら、ピーク局面のトレーニングを6週間行なって、自分の目標に特化させながら持久力を磨き上げていこう。

12
フットレス
トレーニング

これまでは、筋力やパワーを鍛える手段というとキャンパスボードが定番だった。80年代から90年代にかけてキャンパスボードは当時 最 先 端の装置だった。文字どおりエッジをフットレスで登るものであり、「クライミングウォール」といえばもっぱら垂直なレンガの壁であった当時にあっては、キャンパスボードはすばらしいアイデアだったのだ。しかし近年においては、昔ながらのキャンパスボードは利点よりも欠点のほうが多い。現代ではクライミングウォールも進化しており、キャンパスボードは時代遅れの感を免れない。

キャンパスボードには以下のような限界がある。

▶ ラングとラングの間隔が開きすぎている。ラングを引きつけてから次のラングにいくのが遠すぎて、一歩ずつの着実な進歩を測るのが難しい。

▶ 指の強化トレーニングには、キャンパスボードのラングは大きすぎる。ラングくらいの大きさのホールドを使うハードなボルダー課題なんて、いくつ思い浮かべられるだろうか。確かにゼロではないだろう。しかし、あったとしても大きいホールドで素早い片手懸垂をするような単純なものではないだろう。もっと体幹なども使うはずだ。

▶ キャンパスボードでは、ハーフクリンプやフルオープンハンドで持つことが多い。ラングの形状がこの持ち方に適しているからだ。それが必ずしも悪いというわけではないが、それだけになってしまう。

▶ 同じホールドの同じサイズのアールで小指が酷使され続けるので、指皮がボロボロになる。

▶ キャンパスボードで使われるのは、まっすぐに上げ下げするだけの、一平面上で引き

つける筋肉だけだ。横や斜めの動きはほとんど、もしくはまったくない。

▶ 1-4-7〔2本飛ばしのキャンパシング〕や1-5-9〔3本飛ばし〕などの大きい梯子登りは、コツが必要な技術だ。動きにコントロールが必要になる。やり続ければ、だんだんとラクにできるようになるだろうが、筋力アップは少ない。

▶ キャンパスボードは一見すると標準化された装置のようでありながら、同じものはほとんどない。壁の角度もラングも、ラング同士の間隔も異なると思っておいたほうがよい。違うキャンパスボードを使って同じセッションが再現できるかというと疑わしい。

キャンパスボードも、基本的な筋力テスト、筋持久力トレーニング、持久力トレーニングなどを足ありでやれば、それなりに意味がある。ただ、フットレストレーニングには、クライミングウォールやボードのほうがずっとよい。

ボードやウォールのボルダー課題をフットレスで登る利点を挙げる。

▶ ホールドのタイプや大きさにバリエーションがある。ピンチで持つこともあればクリンプやオープンハンドで持つこともある。また、ホールドの向きもさまざまで、水平だけではない。

▶ ムーブの大きさや方向にバリエーションがある。横の動きや上下の動き、クロスさせる、身体を寄せる、などなど。つまり、幅広い動きをすることによって、引きつけに使う大きな筋肉と身体を安定させるための小さな筋肉を効果的に鍛えられるということだ。

▶ 梯子登りの動きだけより、いろいろなスタ

ボードでフットレスクライミングを試す
© NED FEEHALLY

イルの課題でトレーニングするほうが、ずっと楽しい。

▶ 特定のムーブやムーブのタイプを再現してトレーニングしやすい。

▶ さまざまな形状と大きさのホールド、さまざまなスタイルのムーブを使えば、実際のクライミングへの適用度も高くなる。

設備

一般に、110度以上のオーバーハングした壁であれば、フットレスクライミングに活用できる。ただし、邪魔になるような巨大なホールドやハリボテだらけではだめだ。水平ルーフは適していない。たいていホールドが大きくなるし、ルーフに沿って動きの勢いがつき、ぶら下がりながら進むことになるため、実際は引きつけているわけではないからだ。

フットレストレーニングに使えるボードを持っているなら、すばらしい。フットレス用のボードを設置できる場所があるなら、さらにすばらしい。ぜひやってみよう。私は2、3年前に試しに作ってみたが、とても気に入っている。特に短時間で集中してやるようなパワーセッションによい。すべて足がなくても使えるようにさまざまな形と大きさのホールドをシンメトリーに配置してみよう。たとえば、アンダーをたくさん取りつける意味はほとんどない。

ただし、覚えておいてほしい。足を使わずに登っても、下半身には何の効果もない。また、足を使わずに登るとムーブも変わってくる。フットレストレーニングがメインになって、クライミング自体がおろそかになると、岩場でよい結果は出ないだろう。それから、すでにフットレスクライミングが得意なら、むしろほかのことに意識を向けたほうがよい。スラブとかやったほうがいいんじゃないか？

フットレスセッション

目安として、懸垂が10回できないなら、フットレスクライミングはやらないほうがいいと思う。あなたにとっては強度がかなり高いからだ。くれぐれも気をつけて。

かぶりの課題（体を壁に擦りつけないで済むよう、110度以上のかぶりがよい）を選び、フットレスで登ってみよう。いろいろなムーブの課題をやるといい。たとえば、遠くのホールドを取る大きな動きの後にそこから手を寄せてきたり、大きくクロスさせたり。自分にとって最も有益な効果を上げられる課題を選ぼう。指の力が弱いというのに、ガバでキャンパシングをしていたって、めぼしい上達は見られないだろう。自分で課題を作るなら、ガバや水平エッジばかりではなく、持ちにくいホールドに注目してみよう。保持力やいろいろな方向に身体を持っていける力が鍛えられる。

課題の長さとスタイルは、上達したいものに合わせればいい。

スピードキャンパシング

課題を選んで、できるだけ速いスピードで登ってみよう。普通のキャンパスボードでやってもかまわない。目的は、上へ上へと向かう動き——もしくは、動きたい方向への動き——を常に維持することだ。ホールドに触れたら、瞬時に引きつける。ぶら下がったり、持ち直したりせず、正しい方向へと体をスイングさせて次のホールドを引きつける。

スピードキャンパシングは、プライオメトリクス・トレーニングの基本的なものだ。瞬発力を磨くためのものだが、ホールドからホールドへのスピーディな動きがモノをいうことが多いクライミングにも応用できる。まずは、この方法で登れる2ムーブのキャンパス課題を作ってやってみるのがよいだろう。スピードがついてきたら、ムーブを増やしてよい。

まずホールドにぶら下がったら、次のホールドをめがけて手を伸ばし、触れたら引きつけ、最後のホールドを取る。これができたら、動きを体得してスムーズにできるようになるまで続けてみよう。

このトレーニングはラダースタイル（右、

左、右、など）でもできるし、ダブルダイノ（両手を同時に動かす）でやってもよい。

中間ホールドに触る時間は、できるだけ短くするようにしよう。この動きをつなげていって、だんだんと長くしていくとよい。

ダブルダイノ

これはかなり上級者向けだ。

パワーとコーディネーションを鍛えるために、フットレスのダブルダイノを果敢にもやってみよう。連続してやってもいい。

持ちにくいホールドを使うとよい。ガバからガバへ飛ぶのもそれなりに意味はあるが、なるべく止めにくいスローピーなホールドを使ってみるとさらによい。

スピードやプライオメトリクスな要素を加えることもできる。ホールドを取った瞬間、すぐに次のホールドを取るための動きを始めるのだ。中間ホールドに触れている時間をできるだけ短くしてみよう。

覚えておこう：フットレスクライミングによるトレーニングは、上半身、特に指に対する強度が高い。常に全体重が指にかかるため、皮膚にも負担がかかる。私は通常のボードセッションよりも、かなり短くするようにしている。1時間もやれば十分だ。フットレスのセッション構成は、通常のボードセッションとだいたい同じだ。ウォームアップ課題をひと通りやったあと、いくつかのプロジェクトを複数のスタイルでトライするようにしている。

まとめ

フットレスクライミングは、保持力、引きつけ力の強化によい。

旧来のキャンパスボードでは効果が限られている。効果的なフットレスセッションには、ホールドをいくつか取り付けたオーバーハング（最低110度）のちょっとした壁があればよい。

フットレスのクライミングは、上半身を強化することによってパワーをつけるトレーニングだ。しかし、クライミングに必要なのは指と腕だけではないということも忘れてはいけない。フットレスの練習しかしないで、「なぜクライミングがうまくならないのだろうか」などと疑問に思うのはやめてほしい。さらに筋力を上積みしたいときに、通常のクライミングにフットレスを追加するようにしよう。

何をすればよいか

既存課題でも新たに作った課題でもどちらでもよいので、フットレスで登ってみる。保持しにくいホールドを使おう。ガバからガバへスイングするだけではだめだ。

トライする課題のスタイルをいろいろ変えてみよう。極小クリンプ課題だけ、ビッグムーブ課題だけ、などではいけない。

タクティクスpart3

ここでは指皮のケアについて、いくつかアドバイスしよう。P56とP98も併せて参照してほしい。

手汗を抑える：手の周りの空気を動かす。扇風機を使ったり、手をパタパタさせたりする。

手を暖めないようにする。トライの合間に、手をポケットに入れたり、温かいカップを握り続けたりしないこと。

なるべく寒い日にクライミングに行く。普通は日差しのあるほうが快適なクライミングになるのだが、手汗をかきたくないなら、あまりよい条件とはいえない。

「アンチハイドラル」（Antihydral）：制汗剤の元祖だ。これはすばらしい。皮膚を乾燥させて硬くしてくれるので、シャープなホールドでクライミングをするときにはよい。私はバーベイジ渓谷〔シェフィールド近郊〕にあるボイジャー（Voyager Sit-Start）のような、小さくて鋭いホールドがあるグリットストーンのプロジェクトにトライしているときに使った。

ただ、皮膚を硬くすると、数日たって割れたり剝がれたりしやすくなる。だから「アンチハイドラル」は手汗問題に対する短期的な解決策として使うのがベストだ。また、数回使ったらしばらく使わないようにしている。十分な効果を発揮するのに、12時間から24時間かかることにも注意。岩場に向かって運転しているときに一生懸命使っても、ハンドルが汚れるだけで何の効果も得られない。

「アンチハイドラル」を塗ったら、皮膚の上でしっかり乾かすこと。乾いていないと効果が大きく落ちる。前の晩のうちに塗っておく

ことをおすすめする。

爪の下や割け目、皮膚の弱い部分には塗らないよう注意しよう。私は閉じた傷に塗って問題が生じたことはないが、手が乾燥している人でこれをやって本当に厄介な目にあった人を知っている。傷が開くのは悪夢だ。

アルコール：アルコールは、チョークアップの前に手をきれいにするのに使える。皮膚についた油分や汚れを落としたり、皮膚を冷やす効果もある。私は小さなボトルを持ち歩き、いちばん最初のチョークアップの前に、手をきれいにするようにしている。

リキッドチョーク：私はアルコール系のリキッドチョークをあまり使わない。アルコールとチョークを分けておくほうが好きだ。しかし、すごく乾燥した日や、木製ホールドやすべすべの岩で登るときは、水ベースの液体チョークを使う。皮膚に適度な潤いを与え、保持力を高めてくれる。

「ライノ・スキン・ソリューション」：ゲームチェンジャーだと思う。「アンチハイドラル」のように肌を乾燥させるが、硬くする効果はない。つまり、皮膚を乾燥させながらも柔軟性を保ち、裂けにくくしてくれるので、私にとってはパーフェクトなのだ。

私はもともと手汗をかきやすいが、「ライノ・スキン」のおかげでセッションが長く続けられる。皮膚が乾燥しているほうがホールドを持った手を動かすことが少なくなり、その結果、皮膚の消耗スピードを抑えられるからだ。私が登っていて限界に達するときは、だいたいが皮膚のコンディションが原因だ。コンディションに関しては「ライノ・スキン」のおかげで少し余裕ができていると思う。気

温や湿度が多少高くても、すぐに手汗が噴き
出したりせずに登ることができている。
　「ライノ・スキン」も「アンチハイドラル」
と同じく、効果を十分に発揮するには12時
間から24時間が必要だ。岩場でスプレーして、
まだ汗が引かないと愚痴っている人を見かけ
る。前の晩に塗り、厄介な汗腺がふさがれる
まで待とう。私は週に2、3回、数週間続け
て使用することが多いのだが、そうするとそ
の後、数週間は使わなくて済む。「ライノ・
スキン」には何種類か製品がある。「パフォ
ーマンス」は最もマイルドな制汗剤で、「ド
ライ」は中程度、「ティップ・ジュース」が
最も強力なものだ。私は「ティップ・ジュー
ス」を使っているが、いろいろ試してみると
よいと思う。「アンチハイドラル」と同様、
爪の下や皮膚の割れ目、弱い部分はつけない
ようにしよう。

「ライノ・スキン・ソリューション・スピッ
ト」：最近この製品を知ったのだが、インド
アで木製ホールドや表面がつるつるしたホー
ルドを登るときには欠かせないものとなった。
ひどい乾燥肌の人のために作られたもので、
適度な水分を与えて保持力を高めてくれる。
ショウナは手が乾燥するタイプで、トレーニ
ングでもコンペでも岩場でも、「スピット」
をたっぷり使っている。私自身は乾燥肌では
ないが、すべすべの木製ホールドでトレーニ
ングするのが好きだ。皮膚に粘り気を与えて
くれるので、木製ホールドで差が出る。皮膚
の状態の変化による影響を少なくしてくれる
ので、安定してトレーニングができる。皮膚
が乾燥しやすい人でなくても試してみる価値
はある。また岩場でも、磨かれた石灰岩、石
英質の砂岩、磨かれた花崗岩など、表面のな
めらかな岩にはとても効果的だ。手にスプレ

剃刀の刃でささくれを切り取る

ーしたら乾かし、その後でいつもどおりチョ
ークアップすればいい。セッション中、必要
なだけ何度でも使える。

紙やすり：皮膚をなめらかに保ち、ひび割れ
を防いでくれる。トライの合間、ざらざらし
た箇所にやすりをかけよう（やさしくだ）。
ただ、トライのたびに一生懸命やすりをかけ
ている人を見かけるが、それはちょっとやり
すぎじゃないか。皮膚は大事な大事な資源だ。
やすりをかけるのは、本当に必要なときだけ
にしよう。私は乾燥した日に使っている。湿
度の高い日でも、でこぼこした部分があるの
に気づいたら、登った後にやすりで取り除く
ことがある。私が使っているのは、120番の
ものだ。基材が布のほうが持ちはよいようだ。

ナイフ、剃刀の刃：皮膚がびらびらして、剥
けたり血が出たりしそうなときは、ナイフや
剃刀の刃を使ってカットするようにしている。
やすりでは対処できないときに使うとよい。
くれぐれも言っておくが、ささくれ部分だけ
を切り取るように。手を切ってその日のクラ
イミングを終了させないこと。

13
腕のトレーニング

　上半身が強いとクライミングには有利だが、それだけですべてが解決するわけではない。何がいちばん大事かといったら、岩や樹脂や木製ホールドと接している部分である指だ。だが、そうはいっても、腕を曲げる力だって重要だ。しかも腕のトレーニングは取り組みやすく、やりがいもある。

　腕の筋力は、指ほど強化に時間がかからない。大きな筋肉群に由来しているので、トレーニング刺激に対して素早く適応するからだ。

　指のトレーニングと違い、コンスタントではなく、集中的に行なうことができる。引きつける力がもっと必要だと思ったら、そのためのトレーニングを8〜10セッション、5、6

週間かけてやると効果がみられるだろう。ただし、その後はしばらくやめるか、少なくとも量を減らすこと。必要な腕の筋力といったって限度があるのに、ついついやりすぎてケガをすることがあるからだ。

アドバイス

筋力トレーニングでなにより大切なのは質だから、完全に回復するまでレストすること。

動きの始めから終わりまで気を抜かないこと。下げるときも、コントロールしながらゆっくりやる。上げて下げるまでが1レップだ。上げるだけではない。

バーを握る両手の幅を広くしたり狭くしたりすることで、簡単に変化をつけることができる。

両手でも片手でもよい。

最初に紹介するトレーニングは、筋力そのものというよりも筋持久力を鍛えるものだ。

オン・ザ・ミニット

ぶら下がるものさえあればどこでもできる、シンプルなトレーニングだ。ショウナはこれをほぼ毎セッション、ウォームアップとして行なっている。

自分の能力に応じて適切な懸垂回数を決める。1回でも10回でもいい。ストップウォッチをスタートさせて、懸垂をする。懸垂が終わったら、最初の1分が経過するまでの残り時間をレストに充てる。この「1分単位」を計10回繰り返す。1分間で行なう懸垂回数は徐々に増やしてもよい。

ひと味加えたくなったら、腕立て伏せを入れてもよい。

次に紹介するのは、完全な筋力トレーニングだ。各セットの質をできるだけ高いものにするために、セットの間に必ず最低3分のレストを入れるようにしよう。

マックス・プルアップ

懸垂1〜3回が自分にとって限界値となるよう、ハーネス＆プーリー（P72参照）やウェイトベストでウェイト量を加減する。1〜3回の懸垂を立て続けに行なうことで、最大筋力に対する効果が狙える。最大総負荷で5セットをめざそう。セット間に3〜5分のレストを入れて、トレーニングの質が落ちないようにする。

ピラミッド

加重懸垂のことだが、徐々にウェイトを増やしていき、その後再び減らしていくものだ。ウェイトを増やすときはレップ数を減らし、ウェイトを減らすときはレップ数を増やす。以下のようなセットで行なってみよう。各セット間のレストは3分だ。

セット1：懸垂6回
セット2：懸垂4回
セット3：懸垂2回
セット4：懸垂1回
セット5：懸垂2回
セット6：懸垂4回
セット7：懸垂6回

プーリーを使って荷重を減らしたオフセット・プルアップ

オフセット・プルアップ

　片手懸垂ができない人でも、この方法であれば片腕に集中して大きな負荷をかけることができる。下げたほうの手でプーリー、ロープ、レジスタンスバンドなどを使って負荷を減らすのだ。

片手懸垂

　上記のように、プーリーやレジスタンスバンドを使って荷重を減らすこともできる。猛者なら、増やしてもいい!

バンドを使って荷重を減らしたオフセット・プルアップ

ネガティブ懸垂：スタートポジション　　　　　　ネガティブ懸垂：ゆっくりと下がる

ネガティブ懸垂

　プラトーを脱出したかったら、ネガティブ懸垂がよい。筋肉は通常、負荷に耐えているとき（伸張性運動）のほうが、引きつけているとき（短縮性運動）よりも、強い力を発揮する。したがって、ネガティブ懸垂では筋肉をより多く使うことができるのだ。

　スポッターをつけたり、イスに足を乗せたりして、ロックオフ状態からスタートする。そこからできるだけゆっくり下がる。8秒以上かけるのはムリ、となるようにウェイトを加減してみよう。

両手でも片手でもいい。3分のレストを挟んで、5セットやってみよう。

まとめ

　腕のトレーニングは、まとまった期間、集中的にやる。ただし、やりすぎないこと。

　トレーニングの質を意識するようにして、しっかりレストしてから取り組むこと。

14
体幹

スイス・キロニコのMiss Schweizを登る筆者 © NICK BROWN

「体幹の力」「身体張力」とは何なのか

　クライミングにおける身体張力とは、指先から爪先までのブレない体勢を維持しながらホールドからホールドへ移動する能力であると定義してみたいと思う。手足を置きたい場所に置く能力、そして置いた手足を登る動きが終わるまでホールドに接触させ続ける能力も含まれている。

　よく、身体張力とは足ブラのときに振りを止められる能力のことだといわれることがあ

る。だが、ハンドホールドがそれなりに大きければ、振りを止めて保持するのは簡単だ。逆に、ホールドが悪ければずっと難しくなる。つまり、振りを止める能力というのは主に指の力の働きであって、「身体張力」ではない。ただし、振りを止めてから再び足を壁に置くとき、必要な場所に正確に置くためには身体張力が役立ってくる。

　スローピーなフットホールドで、傾斜の強い壁を登っているとしよう。ハンドホールド

しっかりキープできないからなのだ。

指は上半身のアタッチメントポイントであり、足は下半身のアタッチメントポイントだ。手か足のホールドが持ちやすいもの、かかりやすいものであれば、足を壁にキープするために手と足の間に必要な張力は少なくて済む。ホールドが悪くなれば、身体をピンと張らないと動いたときにブレてしまう。

基本的に強傾斜では、身体張力とは、身体の力と同じくらい指の力が働いているものなのだ。しかしながら、最大限の指力を使っても、強傾斜では身体がヘナッとしてしまうクライマーもいるだろう。身体張力を高めるためには、そのための筋力トレーニングを加えるとよいだろう。

身体張力は何から生まれるのか

身体張力という概念は、まぎらわしい。「体幹」の力は、単に「体幹」（腹部と腰部）の筋肉だけでなく、それ以外の多くのものにも由来する。ところが、腹筋運動をやれば、足をホールドにキープしたり、足ブラでも落ちずにいられるようになると考えているクライマーもいるようだ。

クライミング特有の身体張力は、腹筋だけでなく、脚、臀部、腰、肩などの力から生みだされる。また、身体のコーディネーション、つまり、すべてをタイミングよく発動させる能力にも由来する。登るときはリラックスしたなめらかな動きが必要だが、同時に、出すべき場所では最大の力を出せることも必要なのだ。身体が硬くなるのはマズイが、手が次のホールドへと移るその瞬間は、伸ばした手以外の部分で身体をガチッと決める必要がある。

がガバであれば、足をホールドに置いておけるだろう。だが、ハンドホールドが小さかったり悪かったりすれば、あなたは足を切ってハンドホールドからハンドホールドへと跳び気味になるだろう。このような動きをしてしまうのは——クライミングを始めたばかりだったり、傾斜の強い壁を忌み嫌っているとかいうのであれば話は別だが——、あなたの体幹が弱いことが原因ではないだろう。そうではなく、指が弱いせいで、足を乗せた状態を

悪いフットホールドで張力を鍛えるショウナ

　身体張力とは、ホールドを足でかき込むことと同じくらい、手で引きつけ、身体でプッシュすることが重要なのだ。割れた腹筋だけではたどり着けない!

クライミングのための体幹トレーニング

　クライミングに必要な体幹力を鍛えるベストな方法は、傾斜の強い壁で登りまくることである。

　理想的には、足を壁につけておくのが難しくなるよう、135度以上のかぶりがよい。傾斜がゆるくなるほど、体重を足に乗せやすくなる。

　足を壁につけておく力をトレーニングしているのに、跳んでムーブを簡単にしてはダメだ。目的は登りながら足を壁にキープすることなのだから。

　スローピーなフットホールドで登ると、ムーブのときに、悪いフットホールドをプッシュしながらキープする能力を鍛えることができる。乗せやすいフットホールドで登ると、足でかき込む力が鍛えられる。

　どちらのやり方も狙いとしては、足とホールドとの接触を維持するためにフットホールドに対する圧力を加え続けることだ。このように、ムーブの最中に身体を積極的に使うことは強く意識すべきことだ。フットホールドを単なるムーブのスタート地点だと考えてはいけない。そうではなく、ムーブの始まりから途中、終わりまで、そのホールドを使い続けるのだ。

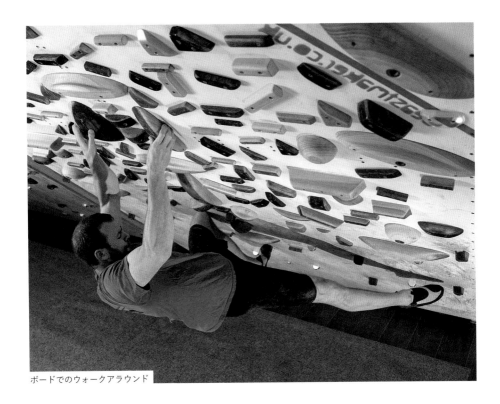
ボードでのウォークアラウンド

　最終的に、かなり悪いフットホールドで強傾斜を登れるようになれば、大きいホールドや傾斜のゆるい壁を登るときに、余裕に感じるようになるだろう。

身体張力のトレーニング課題を作る

　ボードで課題を作れるのが理想的だが、そうでなければ、強傾斜で登れるものであればなんでもよい。クライミングのトレーニング全般にいえることだが、実際に登ってトレーニングができれば、やっていて楽しいし効果も高まるものだ。

　悪いフットホールドを使ってムーブを作り、そのフットホールドを手から遠い位置にしてみよう。下方向でもサイド方向でもよい。足を高い位置にすると、フットホールドが自分に近くなるため、途端にホールドへの圧力が増す。そうなるとトレーニングの意味がなくなる。

　自分が日頃やっている定番の課題を選び、使うフットホールドを悪くしたり、位置を変えたりしてみるとよいだろう。これをウォーミングアップの一部として取り入れれば、毎セッション、トレーニングすることができる。

ウォークアラウンド

　両手で手頃な（持ちやすいと感じる）ハンドホールドを持ち、悪いフットホールドに歩くようにしながらゆっくりと足を乗せていく。下方向にもサイド方向にも、ハンドホールドからできるだけ遠いところまで体を伸ばしてみよう。

ムーブごとに足を離してぶら下がる

足ブラ禁止

比較的やさしい課題を選び、ムーブのひとつひとつに対し、張力を維持して足を乗せたまま登る。この練習をメインにしてボードやウォールのセッションをしてもよいだろう。不自然な登り方になるだろうし、強傾斜だとムーブによってはやや難しくなるだろうが、身体張力とフットワークのトレーニングには最適な方法だ。

ムーブごとに足を離してぶら下がる

ムーブとムーブの間で、足を離し、振りを止める。それから再び足を乗せ、ムーブを続ける。もうおわかりだろう、これは足を乗せ続けるトレーニングではなく、足を戻すトレ

ーニングなのだ。登るスピードがゆっくりになる。岩場や昨今のコンペスタイルのボルダー課題ではぶら下がる時間が長いし、ムーブとムーブの間に足や身体を動かすことも多いのだが、いかんせんボードで登るスピードが速くなりがちなので、このエクササイズはよいと思う。

バートレーニング

私は、床で行なう「体幹」トレーニングは、クライミングには効果が少ないと思っている。だが、フロントレバーにぶら下がるスタイルであれば、体幹を鍛えられる方法はたくさんある。強傾斜の壁が使えないときや、指を休めながら身体張力を鍛えたいときなどに有用だ。次にいくつか紹介する。

ワイパーのスタートポジション

ワイパー：片側ずつ回転させる

タックフロントレバー

片足フロントレバー

フロントレバー

ワイパー

　バーにぶら下がる。背中を持ち上げるようにして、身体を地面と平行にする。両足を腰のところから上へ90度に曲げ、足先を真上に向ける。両足を揃えて床に平行になるまで横方向に下げていく。再び真ん中に戻し、反対側にも下げる。左右交互に繰り返す。脚は曲げないようにする。ピンと伸ばせないようなら、ハムストリングのストレッチをするとよいかもしれない（P183参照）。

タックフロントレバー

　バーにぶら下がり、膝を胸の中に抱え込む。抱え込んだまま、背中が床に平行になるように脚と尻を持ち上げる。背中は平らにして、丸まらないようにする。肩でぶら下がるのではなく、肩甲骨を後ろへ引くような意識だ。
　難度を上げるには、両足を背中に対して90度になるように上げる。

片足フロントレバー

　タックフロントレバーと同じだが、片足を地面と平行になるように伸ばす。てこの原理で、難度が高くなる。片足ごとにやってみよう。

フロントレバー

　今度は、両足を伸ばす。完璧なフォームでできるだけ長くぶら下がる。脚と背中はまっすぐにして、床と平行になるようにする。アンクルウェイトを付ければ、さらにきつくなる。

持ち上げフロントレバー

　バーにぶら下がった状態からフロントレバーの体勢になるまで身体を持ち上げて、コントロールしながら、ゆっくり下ろす。

　いずれも簡単すぎるようなら、アンクルウ

スイス・マジックウッドのNew Base Lineを登るショウナ © LUKA FONDA

ェイトを追加しよう。以上のトレーニングは、バーの代わりに、ハンドホールドやフィンガーボードのガバを使って行なうこともできる。

まとめ

体幹の力や身体張力は身体全体に由来するものであり、単なる腹筋の力ではない。いつ体幹を働かせるべきか、いつリラックスさせてよいかを正確に知ることは、クライミング技術のなかでも大きな位置を占める。

身体張力を鍛えるには、強傾斜の壁を足を切らずに登ればよい。フットホールドが甘ければ甘いほど、ハードになる。

クライミングに必要な身体張力を鍛えるためのトレーニングにはいろいろなものがある。

何をすればよいか

強傾斜の壁で悪いホールドを使い、足を乗せたまま登る練習をしよう。その際、跳んだほうが簡単だと思うときでも足を離さないように意識すること。

強傾斜の壁で、しっかり持てるハンドホールドを使って、悪いフットホールドに歩くように順に足を乗せていく。足を残すトレーニングに最適だ。

強傾斜の壁がなければ、フロントレバーのトレーニングをやってみるとよいだろう。指を休ませながら身体張力を鍛えたいときにもよい。

15
柔軟性と可動性

南アメリカ・ロックランズのTrust Issuesを登る筆者 © SHAUNA COXSEY

柔軟性のないクライマーがいることが、はっきり言って信じられない。彼らは何時間もフィンガーボードにぶら下がったり、ボードで登ったりするのは好きだが、柔軟性と可動性の向上のために時間を費やすことには腰が重いようだ。柔軟性と可動性は、うまく登るためには絶対に欠かせない。ストレッチや可動性のトレーニングは、すべてのクライマーにとって有益なものだ。

柔軟性vs可動性

柔軟性とは身体を曲げて何らかの姿勢をとれる能力のことであり、可動性とは自分自身の筋肉をコントロールしながら──つまりクライマーの場合、登りながら──身体を曲げて何らかの姿勢をとれる能力のことだ。たとえば、手を使えば膝を胸につけられる（柔軟性）かもしれないが、手を使わずに膝をどの高さまで持ち上げられる（可動性）だろうか。

柔軟性自体もクライミングのためにはあったほうがよい。だが、同時にその柔軟性を活用するための筋力も必要だ。それによって可動性が得られるのだ。

柔軟性＋筋力＝可動性

クライミングでは、下半身が柔らかすぎて困るということはない。だが上半身も、ブレ

176

ずにしっかりしていながらも、ある程度の可
動性があったほうが有利になる。そのほうが
体勢から体勢への移行がスムーズになり、ケ
ガの予防になる。また、とれる体勢の幅も広
がる。

ストレッチ

　柔軟性を高めるにはストレッチが定番だ。
長くキープして繰り返しやれば、だんだんと
楽にその体勢がとれるようになるだろう。

　最近では可動性のトレーニングにもいろい
ろある。抵抗を加えながらさまざまな動きを
することによって、関節をひとつ、または複
数を同時に動かすものだ。このようなトレー
ニングでは、可動域を広げるだけでなく同時
にそれに必要な筋力も鍛えられるので、自分
の弱い部分を狙って行なうのもよい。

　私は昔ながらのストレッチのほうが好きだ。
リラックス効果があるし、道具や設備がいら
ないのでどこでもできる。この20年、毎日
ストレッチをしている。

© BAND OF BIRDS

|||||||||||||||||||||||||||||||||||||||||||||||||||||||||||||

　ショウナはストレッチよりも可動性トレー
ニングのほうが好きで、週に2、3回行なっ
ている。しかし、日々のクライミングセッシ
ョンのウォームアップでは壁を使って柔軟性
も鍛えている。壁を動き回りながらハイステ
ップやステミングをしたり、変な体勢を長め
にキープしたりなどだ。

　柔軟性を高めても、それを使う筋力がない
のではないかと心配する必要はない。可動域
が広がると、それに合わせて登り方も変わっ

てくる。新たな可動域を活用することになれ
ば、それに必要な筋力が養われていくのだ。
柔軟性はゆっくり身についていくものなので、
自分のクライミングをそれに合わせていくの
は難しくないはずだ。

　もちろん、ストレッチをして体が柔らかく
なっても、正対や基礎的な動きに固執し、せ
っかく得た柔軟な身体を活かすことを学ばな
ければ、話は別だ。

　思い当たる例は、ひとつやふたつではない。
とても柔軟なはずなのに、その柔軟性をクラ
イミングで活用できないクライマーだ。登る
ときに活用してみなければ、その使い方も学
べないし、使うために必要な筋力も鍛えられ
ない。結局、可動性も大して伸びない。

南アメリカ・ロックランズのBlack Eagleを登るミッキー・ペイジ © NICK BROWN

　筋力トレーニングに気持ちが傾き、ストレッチを後回しにすることはたやすい。しかし、体が柔軟であるほうが有利なことなど、例を挙げればキリがない。アダム・オンドラのクライミング映像を見てほしい。桁外れの筋力、体力は一目瞭然。だが、本当に注目すべきは彼の動きだ。これでもかというほど身体が柔らかく、大きなドロップニー、ヒールフックの乗り込み、蛙のような動きを駆使して、蛇が岩をなめるように登っていくさまは異次元のレベルだ。

　今どき優れたクライマーで身体が柔らかくない人などお目にかからないだろう。もう言い訳はなしだ。

ストレッチの利点

　柔軟性が高まると、うまく登れるようになる。足を置きたい場所にきちんと置けるし、置いてしまえば体重も乗せやすくなるからだ。

　柔軟性が高まると、それまで難しく感じていたムーブがどうってことないと感じられるようになる。たとえば、ずっと狙っていた課題でのハイステップなど。

　柔軟性の向上は目に見えてわかる。毎日たった10分なら取り組みやすいし、それで十分だ。多いのに越したことはないが、続けることこそが重要だ。定期的にストレッチをする習慣をつくってみてはどうか。朝ないし夜のルーティンや、セッション前後のウォームアップとクールダウン、あるいはフィンガーボードトレーニングのレスト時間などに組み込んでみよう。

筋力トレーニングと異なり、ストレッチ後に筋肉の回復はほとんど必要ない。だから時間の許すかぎり好きなだけストレッチをしても、効果を実感できる。

可動性が高まると、ケガのリスクを最小限にすることができる。今どきのクライミングは、ニーバー、ヒールフック、トウフックなど、下半身にありとあらゆる捻りを加える。だから、下半身にそれなりのレベルの可動性がないと、関節を痛めるリスクが生じる。

ストレッチの欠点

そのための時間をとられる、という以外に欠点はない。片手懸垂をみなに披露する時間は減ってしまうだろうが。

クライミングの前にストレッチをすべきか

ある研究では、運動前に静的ストレッチをすると、筋肉が出力できる力の量が一時的に減少することが示唆されている。ただ実際には、前腕のストレッチを延々とした直後にホールドをがっちり持つ、などということでもしないかぎり、問題が生じることはないだろう（普通、登っているときにフルで働いている筋肉は前腕の筋肉群だけなわけだから）。

もしも、なにか具体的なムーブをやりやすくするために、どこどこの筋肉をストレッチしておく必要があるということであれば、それはやろう。しかし一般的には、クライミングのウォームアップには静的ストレッチよりも、動的ストレッチやウォームアップ用エクササイズのほうがよいと思う。

とにかく気張りすぎないことだ。90年代スタイルの腕を激しく振り回すウィンドミルストレッチは、あなたのカヨワイ肩にはおすすめしない。

習慣づくり

柔軟性が向上してきたら、そのことをきちんと認識して、それを活かしたクライミングをするようにしなければならない。クライミングがうまくなるだけでなく、ストレッチを続けるモチベーションにもなるだろう。

クライミングやトレーニングの時間の一部をストレッチに充てると、自分のクライミングに大きな効果が期待できるだろう。

ストレッチ習慣をつくってみよう。たとえば毎朝10分とか、セッションが終わるたびに15分とか、テレビを見ながら毎晩20分とか、あるいは週に一度まとめて1時間など、自分の好きにすればいい。ただし、たくさんやって三日坊主より、少しずつでも頻繁にやったほうがよい。

1 屈筋のストレッチ

2 伸筋のストレッチ

おすすめのストレッチ

　というわけで、ストレッチは大切なので、もっとやったほうがよい。大半のクライマーにとってはなんでもよいから、まずやってみるのがよいだろう。ただし、単に体を柔らかくすればよいというものではない。登っているときは、実にさまざまな体勢で引いたり押したりできなければならない。理想は、柔軟性、パワー、可動性を兼ね備えることだ。

　おすすめのストレッチと可動性エクササイズを10個紹介する。これらは、私が長年、日々のルーティンに取り入れてきたものだ。

　私自身がストレッチするときは、伸ばしたまま最低30秒、もしくは10回ゆっくり呼吸するようにしているが、数分間キープしてもかまわない。各ストレッチを少なくとも3回繰り返すようにしている。あまり無理に伸ばそうとしてはいけない。ゆっくり、着実にやるのが秘訣だ。伸ばしているとき、ややキツ

い感じがするが痛くはない、というのが正しいやり方だ。

上半身

前腕のストレッチ

　前腕は登るときに酷使するため、ほとんどのクライマーが筋肉にダメージを受けている。前腕の筋肉である屈筋と伸筋をストレッチすると、肘、手首、指が調子よくなった感じがするだろう。ケガのリスクも低減する。

1 屈筋のストレッチ：手の平を平らな場所に、指先をくるりと手前に向けるようにして置く。肘をまっすぐに伸ばし、ゆっくりと自分のほうに傾ける。

2 伸筋のストレッチ：指を丸めて手首を下向きに曲げ、肘を伸ばす。もう片方の手を添えてストレッチする。反対側も同じようにやる。

15 柔軟性と可動性　　　181

3 猫のストレッチ：背中を持ち上げた体勢

3 猫のストレッチ：背中を下げた体勢

4 脊柱のストレッチ

5 ロードキルストレッチ

背中のストレッチ

　背中が硬いクライマーは多い。あまりストレッチをしないところに筋肉がたくさんつくと、可動性がなくなる。また、デスクワークや一日の大半をじっとしたまま過ごしたりすると、背中が硬くなる。背骨はそもそも曲げたり動かしたりするようにできているので、よく動かせるようにしておくと上半身をもっと効率よく使えるようになる。

　以下のストレッチは、深呼吸をしながらするとよい。胸や肋骨部分を開くことで、胴体周りの筋肉を伸ばすことができ、関節がスムーズに動くことが期待できる。

3　猫のストレッチ：このストレッチは、脊柱に本来の動きをさせるものだ。四つん這いになり、背中をできるだけ持ち上げて2秒キープ、背中をできるだけ下げて2秒キープ。上下をそれぞれ5回ずつ行なう。

4　脊柱のストレッチ：仰向けになり、両腕は真横に伸ばす。片脚を伸ばしたまま、もう片方の脚を垂直になるように上げ、そのまま反対側にパタリと下す。この体勢を維持したまま、10回深呼吸する。反対側も同じようにやる。

5　ロードキルストレッチ：このストレッチも背中の可動性を高めるのによい。うつぶせになり、両腕は真横に伸ばす。左脚を上げて右脚の向こう側にパタリと下ろす。左の足先は右手に近づけるようにする。そのまま10回深呼吸をする。反対の脚も同じようにやる。

下半身

6 **スクワット**：スクワットができないクライマーが多いことに、いつも驚く。スクワットは臀筋、ふくらはぎ、四頭筋、股関節を伸ばすのにいいのだ。踵は床につけ、背中をまっすぐにする。肩を前に丸めたり、頭を下げたりしないように。その姿勢を崩さないようにしながら、できるだけゆっくりとしゃがみ、そのままキープ。

　　股関節をさらにストレッチするには、肘を使って両膝を外に開くようにする。

6 スクワット

7 **ハムストリングのストレッチ**：ハムストリングの柔らかさは、ヒールフックに欠かせない。それだけでなく、足を高く上げて、イレギュラーな体勢をとるのにも大切なものだ。難しいことはない、手を爪先につけてみよう。踵は床につけたまま、膝を曲げずに手をできるだけ下げる。その体勢をキープ。

7 ハムストリングのストレッチ

8 **ハイステップ**：クライミングでは通常、足を上げてフットホールドに置き、立ち込む。高い位置に足を置けるようになるほど楽に感じるようになる。また、足を簡単に上げられるほど、壁に近い位置でその動きができるので、剥がされて落ちる可能性も低くなる。イスやテーブルに足を上げて乗せたり、床の上で足を前に踏み出したりして、ストレッチをする。

9 **ふくらはぎのストレッチ**：傾斜のゆるい壁では特にそうだが、スローピーなフットホールドに乗るときは、足首の柔軟性が求められる。踵を下げれば、その分ホールドとの接地面積が増えるからだ。こ

8 ハイステップ

15 柔軟性と可動性　　183

10 カエルストレッチ

11 発展：180度開脚

9 ふくらはぎのストレッチ

の手のムーブは、現代のコンペシーンでは欠かせない動きのひとつになってきた。つまり、ハリポテで接地面積をできるかぎり大きくできるかどうかということだ。また、トウフックでも、爪先を手前に引くことができなければならない。ふくらはぎが硬いと、この動きが制限される。

　段差のあるところに立ち、足首を落とすようにしてみよう。両足一緒でも、片足ずつでもかまわない。もしくは、爪先を壁に押しつけるようにしてみてもよい。

10 カエルストレッチ：身体の重心を壁に近づけるためには、股を割って膝を外向きにすることができなければならない。股関節が柔らかいことは、効率的な登りには欠かせない。

　床に寝て、膝をできるだけ開く。これが簡単なら、180度開脚をめざしてみよう。

まとめ

　柔軟性と可動性が高いことは、クライミングには絶対に欠かせない。ストレッチや可動性のエクササイズはすべてのクライマーに役立つだろう。

　可動性が向上すれば、身体をより効率的に使いながら登れるようになり、いろいろなことが楽にできるようになる。ストレッチはコンディションを整える効果もあり、ケガのリスクを減らしてくれる。

何をすればよいか

　定期的にストレッチをする習慣をつくろう。すぐに登ったときの効果が実感でき、自分にとって欠かせないものになるだろう。

仏フォンテーヌブローCuvier RempartのBig Goldenを登る筆者　© NICK BROWN

16
手と上半身の
メンテナンス

英フロガットエッジのRenegade Masterを登るショウナ・コクシー　　© NICK BROWN

私たちクライマーは、自分の身体をありとあらゆるかたちで酷使している。寒いなか、大したウォーミングアップもしないで、小さなホールドを力いっぱい引いたりしているのだ。

体調を整え、ケガを予防し、できるだけ身体をうまく使えるよう、もう少しメンテナンスのためのエクササイズを取り入れる努力をしてもいいのではないだろうか。真面目でつまらない話に聞こえるかもしれない。しかし、登りたいだけ登ることができる健康な身体を手に入れることは、間違いなく私たちが求めていることのはずだ。

私たちができるエクササイズやストレッチはごまんとあるが、そのなかでもウォームアップの一部として、あるいはレスト日に、さらにはデスクワークの最中でも取り組めるようなシンプルなものに絞って紹介しよう。

手

手のケアに気を使って損をすることはない。多くのクライマーは、力いっぱいホールドを引いた後、せいぜい思い出したようにストレッチをしたり、パイントグラスで指を冷やすことくらいしかやろうとしない。壁と私たちとの接点は、主に手だ。手に求めることは極めて多い。したがって、強さ、健康、ケガ予防のために、優しいいたわりのケアに時間を割くべきなのだ。

虫様筋の強化

虫様筋は、指をクリンプに適したポジションにして、それを維持するときに使われる。虫様筋が弱いと、クリンプのときに指が安定しないし、手に痛みが出ることがある。中手骨の間を押してみると、柔らかい部分があるのがわかるだろう。これが虫様筋だと思ってほぼよい。

虫様筋のマッサージをする習慣をつくるとよい。また、鍛えて強化するのもよい。以下の2つのエクササイズをやってみよう。

ボールスクイーズ：指を伸ばしたまま、親指とその他の指でスポンジボールを持ち、押し潰す。親指と一緒に使う指は、4本同時でもよいし、人差し指から小指まで1本ずつやってもよい。ただし、どの指も伸ばして行なうこと。まずは、筋肉を使うことを目的に、多めのレップ数（15〜20レップ）でやる。徐々にボールを硬くして強度を上げていき、レップ数を減らしていく。

フィンガースライド：手を広げて台の上に置く。手首を台につけたまま、伸ばした指の先を台に押しつける。指先をゆっくりスライドさせながら、手首のほうにできるだけ近づけていく。このとき、指は曲げず、手首も台から離してはいけない。近づけたら、指を離して元の位置に戻す。このエクササイズも、最初は強度を低くして15〜20レップから始め、徐々に強度を高くしてレップ数を減らしていこう。強度を調整するには、指先で押すときの強さを変えればよいだけだ。痛みは出ずに筋肉が疲労するのがわかるはずだ。

ボールススクイーズ

骨間筋の強化

骨間筋の強化

　骨間筋は、指を外転させたり内転させたりする筋肉だ（『スタートレック』のミスター・スポックがバルカン式挨拶でやっているアレだ）。ホールドを持つとき、特にクリンプのときに指を安定させるものだ。弱いと指関節部に痛みを引き起こすことがあるので、トレーニングしておくとよい。柔らかいボールを指の間に挟み、ハサミで切るような感じで押し潰すのだ。指は曲げず、指全体を使って押すようにする。

　多めのレップ数（15〜20レップ）で始め、ある程度筋力がついてきたら、ボールを硬くして抵抗を強くし、レップ数を減らしてやってみよう。

フィンガースライド：スタートポジション

フィンガースライド：フィニッシュポジション

テンドングライドの動き

ベテランクライマーの手!

テンドングライド

　指を可動域いっぱいに動かすことですら苦労しているクライマーは多い。

　指を常に動かして十分に可動できる状態にしておくことは、指の健康を保つために欠かせないことだ。可動域いっぱいに指を動かすことだけでも習慣にするとよい。まっすぐな状態から完全に丸めた状態まで、指先を手のひらにつけたまま動かしていくのだ。レップ数やセット数云々というよりも、日々のルーティンの一部にしてしまおう。私は、セッションの後で指がこわばっている感じがするときは、レスト日にたっぷりやるようにしている。

手首と肘

　クライマーは、指と手首の屈筋がよく発達している。しかし、指と手首の伸筋については、健康維持のためにやっていることは少ない。この屈筋と伸筋のアンバランスが、手首や肘の痛み、伸筋の痛みなどを引き起こす。伸筋が屈筋に合わせて無理をしてしまうためだ。私は長年、伸筋と肘の痛みに悩まされていたが、最終的には、単純に伸筋が弱すぎるのだということがわかった。以下のエクササイズを少しやってみたら解決し、以来、痛みに悩まされることはなくなった。

前腕伸筋カール

　手の平を下に向けてダンベルを握る。肘は90度に曲げておく。手首を上に曲げ、また元の位置に下ろす。このとき、前腕の高さより下げてはいけない。伸筋だけが使われるよう、前腕を支えてやろう。伸筋をできるだけ強くしたいわけだから、多めのレップ数でやるよりも、重たいウェイトでレップ数を少なくする。5～10レップで、3～5セットがよいだろう。

前腕伸筋ホールド

　上記と同じだが、手首をまっすぐにしたまま保持する。片腕につき、最大で10秒、5セットを目安にやってみよう。

前腕伸筋カール：スタートポジション　　　　前腕伸筋カール：持ち上げた状態

南アメリカ・ロックランズのPendragonを登るショウナ・コクシー　© NED FEEHALLY

16 手と上半身のメンテナンス

ハンギングシュラッグ：スタートポジション

ハンギングシュラッグ：フィニッシュポジション

腕立てシュラッグ：スタートポジション

腕立てシュラッグ：フィニッシュポジション

背中：アレンジ版コブラのポーズ

背中：アレンジ版コブラのポーズ

肩

回旋筋腱板(かいせんきんけんばん)の強化とメンテナンスについては、長年にわたって多くのことが語られてきた。I、Y、Tといった、定番のTRXや吊り輪を使ったエクササイズについてよく知らない人は、ぜひ調べてみるとよい。

しかしながら、あまり語られることのないのが、肩甲骨の可動性と強さについてだ。ここで言いたいのは、トレーニングやクライミング中に肩を固定できるかではなく、動かせるかだ。肩甲骨を可動域いっぱいに動かすことができ、なおかつ可動域のどこでも強さを発揮できることが必要なのだ。肩の動きをよくするために、以下に紹介する2つのエクササイズをウォームアップに取り入れるとよい。

ハンギングシュラッグ

バーにぶら下がって、できるだけ下に沈み、肩甲骨を動かす。腕を伸ばしたまま、背中を丸めないようにしながら、肩甲骨だけを使ってゆっくりと引き上げる（肩をすくめる）。肩甲骨同士をつまんで寄せるようなイメージだ。寄せたら再び、できるだけ下までゆっくりと下がる。

引き上げた状態、下げた状態でそれぞれ5秒間キープする。これを5回繰り返す。あまりできていないと感じることもあるかもしれないが、このエクササイズの目的は、筋力をつけるのと同時に可動性を高めることだ。だから、あきらめないで続けてほしい。

腕立てシュラッグ

両腕、両脚、背中をまっすぐにした腕立て伏せの体勢から、腕を伸ばしたまま、肩を下げるようにゆっくりと動かす。肩甲骨の間でなにかをつまんでいるようなイメージだ。下げたら、今度はできるだけ高く、ゆっくりと押し上げる（肩をすくめる）。これを繰り返す。首はまっすぐに伸ばしたままにし、耳を肩に近づけないよう注意すること。

上げた状態、下げた状態でそれぞれ5秒間キープする。最初のうちは、膝をついた腕立ての体勢から始めてもよい。動きに慣れたら、脚を伸ばした腕立ての体勢でやってみよう。

背中

クライマーにとって腰部の可動性は重要とされる一方、中背部（胸椎）の可動性は見過ごされがちだ。胸椎の可動性は、肩を正しく動かすためには欠かせない。特に頭より上に腕を伸ばすときなどだ。腕を頭の真上まで上げるとき、最後の10〜15度は、実は中背部の働きによるものなのだ。

ここで紹介するアレンジ版コブラのポーズは、肋骨と肩甲骨をつなぐ前鋸筋のストレッチだ。ここが硬いせいで中背部の可動性が制限されているクライマーは多い。

片脚を90度に曲げる。頭と肩を、曲げた脚のほうに回す。身体の反対側が伸びるのが感じられるはずだ。伸ばしたまま、深呼吸を5回。吸うときに胸郭が拡張し、ストレッチ効果が高まる。左右それぞれ5回ずつやる。

17
クイックセッション

クイックセッションの案を紹介するので、ぜひやってみてほしい。必ずウォーミングアップをやって準備を整えてからやること。いきなり飛びついたりしないように。

フィンガーボード

自分にとって適切なレベルで行なうために、ウェイトを加減したりホールドサイズや持ち方を変えたりして、負荷を調節する。

指のフォームに意識を集中すること。鍛えたいグリップタイプでの指の形を正確に維持しよう。フォームが崩れてしまった時点でトレーニングできていないことになる。フィンガーボードから落ちた時点ではない。

リピーター

▶ グリップタイプを選ぶ。

▶ 7秒ハングし、3秒レストする。1分間で6回繰り返して1セットとする。

▶ セット間のレストは3〜5分。グリップタイプごとに、3セットを目標にする。

ショート・マックス・ハング

▶ グリップタイプを選ぶ。

▶ 10秒ほどハングする。

▶ 2〜3分レストする。

▶ ハングごとに2〜3分のレストを入れ、3〜5回ハングして、1セットとする。

ロング・マックス・ハング

▶ グリップタイプを選ぶ。

▶ 20秒ほどハングする。

▶ 3〜5分レストする。

▶ ハングごとに3〜5分のレストを入れ、3〜5回ハングして、1セットとする。

▶ ショート・マックス・ハングよりも疲労を感じるだろう。トレーニング後はしっかりとレストするよう心がける。

テンドン・ハング

▶ グリップタイプを選ぶ。

▶ 45秒ほどハングする。これくらいが限界になるはずだ。

▶ 5分レストする。

▶ ハングごとに5分のレストを入れ、4回ハングして、1セットとする。

腕

オン・ザ・ミニット

▶ 腕を鍛えるためのシンプルなエクササイズだ。

▶ 自分のレベルに合った懸垂回数を決めたら、ストップウォッチをスタートさせる。

▶ 決めた回数の懸垂をやったら、最初の1分が経過するまでレストをする。

▶ これを1分単位で10回繰り返す。

▶ 調子がよければ、終わった後に腕立て伏せを加えてみよう。なんなら、1分間のなかに加えてもよい。

ネガティブ懸垂

▶ 片手でも両手でもよい。

▶ イスなどを補助に使い（片手でやる場合は、もう片方の手を使ってもよい）、引きつけた状態にする。コントロールしながら、できるだけゆっくりと下がる。

▶ 下がるのに3〜5秒かかるように負荷を調節する。

▶ セットごとに3分レストする。

▶ 全部で5セットやる。

加重懸垂

▶ その名のとおり、加重して懸垂をする。

▶ 負荷を大きくして、レップ数を少なくする（5回が限界となるようにする）。

▶ セットごとに最低3分のレストを入れて、5セットやる。

▶ 下がるときは常に、ゆっくりとコントロールしながらやること。最後の懸垂で飛び降りたりせず、しっかりと下がりきること。

ボード

筋力①

▶ 5〜10課題のウォームアップサーキットを済ませる。
▶ 自分の限界レベルのプロジェクトを3つ選び、各課題に最低15分取り組む。ムーブはつなげるようにする。各課題のタイプは、カチ、ピンチ、ビッグムーブなど変化をつけよう。
▶ 課題ができるようになったら、さらにハードな課題を新しく作ってやってみよう。

筋力②

▶ 5〜10課題のウォームアップサーキットを済ませる。
▶ 自分の限界の75〜95%の課題を5つ選ぶ。アンクルウェイトを付けて、その5つの課題をすべて登る。

マイレージ

▶ 自分の限界75%以下の課題を10〜15個登る。課題ごとに2〜5分（課題の長さによる）レストする。うまく登ることに集中する。ホールドからホールドへ跳んだりせず、足をホールドに乗せるべきところでは乗せておくようにする。

短時間持久力：4×4

▶ 自分の限界の70%のボルダー課題を4つ選ぶ。核心のある課題ではなく、同じ難度が続く課題にしよう。
▶ 課題1を連続して4回登り、登るのにかかった時間の3倍の時間レストする。
▶ 続けて、課題2から課題4までも同じようにこなしていく。
▶ お望みならば、15分のレストを挟んで、以上をもう一度やってみる。

ストレッチを忘れずに!

メンテナンス

前腕伸筋カール

▶手の平を下に向けてダンベルを握る。前腕に手を添えて、手首をまっすぐな状態にする。

▶手首を曲げてダンベルを持ち上げ、再び元の位置に戻す。

▶5〜10回を1セットにして数セット行なう。セットごとに3分レストする。

虫様筋フィンガースライド

▶手を広げて台の上に置く。

▶手首を台から離さないようにして、伸ばした指の先を押しつける。

▶手首を離さないでいられる限界まで、指先をゆっくりと手首のほうに近づけていく。

▶5〜10回を1セットにして数セット行なう。指先を押しつける力を強くすることで強度を調節する。

ストレッチ

クライマーに役立つストレッチは実にさまざまなものがあるし、なかでも重要だと思われるものは、すでに15章で紹介済みなので、ここで再掲載する意味もないだろう。とにかく取り組めばよいのだ。2、3個選んでクイックセッションの最後にもってくればいい。これを習慣にするのだ。もしくは朝のコーヒータイムなどにやってもよい。

長くても短くてもいいから、やれるときにやるようにしよう。折にふれて5分ずつでもやれば、まったくやらないよりよい。私はこの原稿を書いている最中も、デスクの上に足を上げて臀筋をストレッチしている。

ストレッチするときは、少なくとも30秒はキープするようにしよう。理想をいえば、さらに長く。できるかぎり何度でも繰り返す。

定期的にストレッチをする習慣づくりをしよう。

クイックセッション：フィンガーボードエクササイズ参照表

フィンガーボードエクササイズ：筋力

トレーニング	リピーター
効果	筋力／筋持久力
内容	ハング7秒とレスト3秒で1レップ 6レップ＝1セット（所要1分）
セット数	グリップタイプごとに、1～2セット。1セッションでは3種のグリップまででよい
レスト	セットごとに5分
発展	セット単位でハング時間やレスト時間を長くしたり短くしたりする。たとえば、ハング6秒、レスト4秒、など ウェイトを追加する グリップタイプごとのセット数を増やす 使うホールドを小さいものにする
期間	指の力は常にある程度トレーニングしておくのがよい。年間を通して、複数のトレーニング方法を回し、身体をなまらせないようにしよう。リピーターは強度が低めで比較的安全だ
いつ行なうか	必ずレスト後のフレッシュな状態でトレーニングすること

トレーニング	ショート・マックス・ハング
効果	筋力（神経筋の発達）
内容	ハング5～12秒で1レップ 3～5レップ＝1セット
セット数	1セット程度。5種のグリップまで繰り返してもよい
負荷	5～12秒が限界となるよう、ウェイトを調節する
レスト	ハングごとに2、3分。または、再び100%の力が出せるくらい回復するまで
発展	ウェイトを追加する 使うホールドを小さいものにする 片手でやる
期間	指の力は常にある程度トレーニングしておくのがよい。年間を通して、複数のトレーニング方法を回し、身体に刺激を与え続けるようにしよう
いつ行なうか	必ずレスト後のフレッシュな状態でトレーニングすること

トレーニング	ロング・マックス・ハング
効果	筋力（太く、長く持続する筋力）
内容	ハング20秒で1レップ 3〜5レップ＝1セット
セット数	1セット程度。5種のグリップまで繰り返してもよい
負荷	20秒が限界となるよう、ウェイトを調節する
レスト	ハングごとに3〜5分。または、再び100%の力が出せるくらい回復するまで
発展	ウェイトを追加する グリップタイプごとのハング数を増やす 使うホールドを小さいものにする 片手でやる
期間	指の力は常にある程度トレーニングしておくのがよい。年間を通して、複数のトレーニング方法を回し、身体に刺激を与え続けるようにしよう
いつ行なうか	必ずレスト後のフレッシュな状態でトレーニングすること

トレーニング	テンドン（腱）ハング
効果	コンタクトストレングスおよび腱の健康
内容	ハング30〜45秒で1レップ 3レップ＝1セット
セット数	グリップタイプごとに1セット。ただし計3セットまで
負荷	45秒が限界となるよう、ウェイトを調節する
レスト	ハングごとに5分
発展	ウェイトを追加する 使うホールドを小さいものにする
期間	指の力は常にある程度トレーニングしておくのがよい。年間を通して、複数のトレーニング方法を回し、身体に刺激を与え続けるようにしよう
いつ行なうか	必ずレスト後のフレッシュな状態でトレーニングすること

フィンガーボードエクササイズ：持久力

トレーニング	長時間持久力のためのフィンガーボードトレーニング
効果	クライミング中や各トライの間、各セッションの間の回復力を鍛える
内容	持ちやすいエッジを使って、リピーター（7：3）×6、レスト1分で1セットとする
セット数	10セットやり（ハング時間は10分）、レスト10分で、1バウトとする
バウト数	3バウトやる（ハング時間は30分）
負荷	プーリーを使って、使用しているエッジで限界値の30〜40％まで負荷を減らす。あまりパンプさせない状態で長時間行なうためである
レスト	ワーク・レスト比は1：1。つまり、セット間のレストは1分、バウト間のレストは10分
発展	補助を減らして負荷を上げる
頻度	週に2セッション
期間	8〜16週間
いつ行なうか	低強度のエクササイズなので、ほかのトレーニングとも両立しやすい。クライミングトレーニングの後にやってもよい。ただし、筋力トレーニングの前にはやらないこと

トレーニング	短時間持久力のためのフィンガーボードトレーニング
効果	より多くのハードなムーブを力尽きることなく連続して行なう力を鍛える
内容	持ちやすいエッジを使って、リピーター（7：3）×6、レスト3分で1セットとする
セット数	6セット（ハング時間は6分）で、1バウトとする
バウト数	強度が高いので1バウトで十分
負荷	プーリーを使ったりウェイトを加えたりして、使用しているエッジで限界値の70〜80％になるよう調節する。かなりハードに保持するレベルでなければならない。最後の2、3セットでは、最終ハングで落ちて終わるくらいにする
レスト	ワーク・レスト比は1：3。つまり、セット間のレストは3分とする
発展	補助を減らしたりウェイトを追加したりして、負荷を上げる
頻度	短時間持久力が優先事項である人は、週に2回。同時に筋力トレーニングに取り組んでいる人は、週に1回
期間	少なくとも6週間
いつ行なうか	このエクササイズの後は、必ずレスト日を設けること

リバプールのジム、クライミングハンガー・マッチワークでの筆者

18
プロのアドバイス

アレックス・プッチョ

　プッチョは世界屈指のパワークライマーだ。ピンチの力は、私がこれまで見てきたなかでもトップクラス。ボルダリングワールドカップで14個のメダルを勝ち取り、Font 8b+/V14のボルダー課題を複数登っている。岩場でのクライミングに完全にシフトして以降は、スイス・マジックウッドのニューベースライン（New Base Line）やロッキーマウンテン国立公園のジェイド（Jade）など、世界中のハードなボルダー課題を次々と落としまくっている。

——「ビーストメーカー2000」の中央のエッジでやる「5秒限界片手ハング」はどのくらいですか（どれくらいのウェイトを加えて5秒間ハングできますか）。

　トレーニングとしてやっているわけではありませんが、何度かトライしてみたことはあります。前回試したときは、体重は57.6kgでした。イギリスにいたときです。私がどれくらい保持できるのか、ロビン（・オリリー）が知りたがって、じゃあテストでもしてみるかって。ただウェイトを変えて何度かトライしたんですが、トライの間はほぼレストなしでしたし、やったのもセッションの最後でした。5kgから始めて、どんどんウェイトを上げていきました。27kgでも5秒以上楽々できたので、29kgでやってみようと彼が言いました。そうしたら4秒くらいでしたね。それ以降はやってませんよ。

——「ビーストメーカー」6mmマイクロスではどのくらいの時間（もちろん両手で!）保持できますか。

　そのサイズのエッジで最高でどのくらいの時間ハングできるのか試してみたことがありません。でも、懸垂やリピーターはやりますね。懸垂をするときは、たいてい6mmで5〜8回やります。レストを挟んで、3〜4回繰り返します。

——片手懸垂は最高何回できる?

　ガバなら6回、10mmエッジなら2回です。ウェイト付き片手懸垂をちゃんとした条件で試した最高記録は、+11kgです。

——指の強化トレーニングでは何が好きですか。

　実は指の強化に特化したトレーニングはしたことないんです。体力や筋力を高めて岩を登りまくれば、それでいろいろ試せるし、力がつくのもわかりますから。みなさんが期待する答えではないかもしれませんが、岩に登り続けることが、私の指を最強にしてくれるのです。

——トレーニングで人々が最もやりがちな間違いは何でしょうか。

　あらゆるレベルの人たちを何人もコーチしてみてわかったんですが、みな上達を急ぎすぎです。忍耐が必要だということをわかっていないのです。また、これは大きな問題だと思いますが、自分の苦手なことを避けているクライマーが多い。グレードは「低い」が自分にとって難しく感じる課題はやりたがらず、自分が登れるもののなかでグレードの「高い」ものをやろうとするんです。そんなことで優れたクライマーになんてなれるわけがありません。

——上達したいと思っているクライマーにアドバイスを。

　なにごとも、最も大変なのは始めることです。あまり好きではないエクササイズが入った新しいトレーニングプランを始めるとき、私の場合は心肺機能を高めるエクササイズですが、そういうときにやらなければならないことは、とにかく始めることなんです。始めて、軌道に乗せ、ルーティンになってしまえば、感じ方もまったく変わり、どんどん気合

米フエコタンクス、Slashfaceを登るアレックス・プッチョ　© JOEL ZERR

18 プロのアドバイス

が入ってきて、どんどん目標に近づいていけます。トレーニングは短距離走ではなく、長い時間をかけてやるマラソンのようなものです。学び続け、自分のクライミングをさまざまな角度から磨いていってください。目標をひとつ達成したら、すぐに次の目標を設定し、それに向かって努力をしてください。また、上達したければエゴは持ち込まないことです。いつも言うことなのですが、「トレーニングに来たらエゴは入口のドアにぶら下げておきなさい。終わったらまた持って帰ればいい。ここにはエゴを置いておく場所はない。上達したいならね!」。うまくなるためには苦手なことに取り組まなければなりません。私は70/30ルールと呼んでいるのですが、トレーニングのとき、苦手に70%、得意に30%の時間を割くのです。そうすると上達が早くなりますよ。

アダム・オンドラ

あらためて紹介する必要もないだろう。史上最高のクライマーだ。スポーツでの世界最難課題をレッドポイントし、最難レベルのボルダー課題を大量に登り(フラッシュも含まれている!)、ワールドカップでは数えきれないほどのメダルを獲得し、世界最難のビッグウォールであるドーンウォール(Dawn Wall)を短時間で成功させた。アダムは間違いなくクライミングのすべてを愛しているし、目標のためのトレーニングや準備には1ミリたりとも手を抜かない。全員、彼を見習うべきだ!

2019年IFSCクライミングW杯(スイス・マイリンゲン)でのアダム・オンドラ　© RYU VOELKEL

──片手懸垂は最高何回できる?

バー(テープを巻いたもの)で、ダイナミック片手懸垂を16回やったことがあります。静的なものは、かろうじて1回です。

──指の強化トレーニングでは何が好きですか。

定番ですが、マーティン・ストラニクやリシャット・カイブリン(クリンプが恐ろしく強い)など強い仲間たちと一緒に、まぶし壁でボルダーのクリンプ課題を登ることです。あるいは、1cmのスローピーなビーストメー

カーのキャンパスラングもいいですね。遠い動きのときはカチってられません。エッジが丸くて皮膚で「ぶら下がる」のは不可能なので、本当に指の力を使って持たなければなりませんから。

——トレーニングで人々が最もやりがちな間違いは何でしょうか。

キャンパシングやフィンガーボードについて言うと、パワーを鍛えたいのだとしたら、みんなレスト時間が十分でないと思います。その結果、ショートパワー・エンデュランスを鍛えることになってしまっています。純粋なパワートレーニングは本当に退屈です。疲労を感じないよう、エクササイズ時間は短くして、少なくとも3分はレストすべきです。キャンパスボードやフィンガーボードはパワ

ーエンデュランスのトレーニングツールになることは間違いないです。実際、私もそのように使っています。でも、ほとんどの人は、主にパワーを鍛えるものだと思って使っていますね。

それから、登ること自体の重要性が過小評価されがちだと思います。パワーがあるのはよいことですが、うまいクライマーであることはさらに大切なことですし、うまくてパワーもあるクライマーになることが究極の目標でしょう。ですが、まずは、うまいクライマーになることから始めるほうがよいでしょう。パワーをつけることにフォーカスするのはその後です。さらに言うと、パワーだって登ることで身につけられるのです。キャンパスボードやフィンガーボードはとても有効なツールですが、あくまで付加的なものであって、トレーニングの中心になるものではありません。

──上達したいと思っているクライマーにアドバイスを。

何にフォーカスしたいと思っているのかによりますね。岩場のボルトルートで上達したいと思っているなら、大きなトリプルダイノを練習しても、当然のことながらあまり意味ありませんよね。コンペのボルダラー、アウトドアボルダラー、インドア、アウトドアのルートクライマー、誰にとっても役立つことを紹介します。まぶし壁でのボルダリングです。パワーをつけながら、同時に技術を磨ける最も自然な方法です。

まぶし壁でハードなムーブをするのに必要なパワーは、ルートクライマーにとっても欠かせないものです。ハードなムーブを着実にこなせるようになれば、それだけパンプしにくくなりますから。コンペ系ボルダリングでもパワーは欠かせません。さっきのトリプルダイノにしても、さらに小さいホールドが持てるようになりますし、場合によってはセットがオーソドックスな保持系のこともあるわけです。また、岩場でのボルダリングでパワーが必要なことは言うまでもないですよね。

それから、なによりも大切なのは夢中になることです。目標達成のためではなく、クライミングやトレーニングが好きでたまらないからやっているのだということが大切なのです。プロセスを楽しんでください。そうすればきっと成功が訪れるでしょう。

ジェリー・モファット

1980年代から90年代にかけて、モファットは世界最高のクライマーのひとりだった。そして、クライミングのトレーニングというものに本気で取り組んだ最初のクライマーだ。当初はピークディストリクトの石灰岩の岩場で、後には、それまでで初となるトレーニング専用施設で取り組んだ。80年代半ばに自宅の地下室に最初のボードを設置。その後まもなくして、シェフィールドに世界的に有名なファウンダリーというクライミングジムをオープンする。また、ジ・エース（the Ace Font 8b/V13）、ドミネーター（Dominator Font 8b/V13）、リキッド・アンバー（Liquid Amber　8c+/5.14c）など、世界のクライミング史に残る初登を成し遂げている。

──片手懸垂は最高何回できる？

そんなに多くはありません。たぶん2回くらいです。10㎜エッジでの片手懸垂や、Sサイズのキャンパスラングで1-5-8のロックオフはかなり楽にできました。

──指の強化トレーニングでは何が好きですか。

指を鍛えたかったら、垂壁よりややかぶり

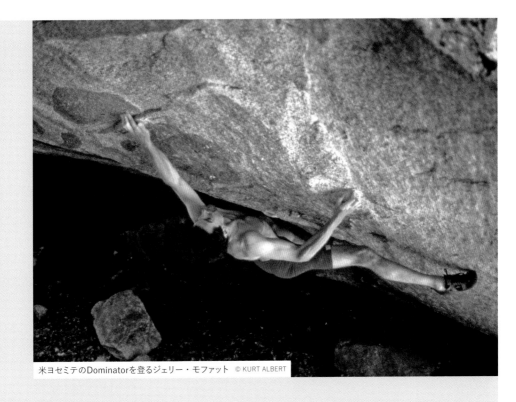
米ヨセミテのDominatorを登るジェリー・モファット　© KURT ALBERT

気味の壁で、比較的大きめのフットホールドと小さいカチホールドで登るでしょう。ポジションを維持するだけでも指と手をしっかり使わなければならないホールドを使います。

──トレーニングで人々が最もやりがちな間違いは何でしょうか。

　私が知るなかで最もやりがちな間違い──私自身もですが──は、オーバートレーニングです。レストと回復は筋力アップに不可欠です。進歩には忍耐が必要です。まっすぐ一直線に向上していくことなどないのです。一時的に落ちることもあるつもりでいなければなりません。

──上達したいと思っているクライマーにアドバイスを。

　目標を定めて、書いておきましょう。トレーニング記録をつけましょう。また、ケガを

しないことが大切です。私はウォームアップとストレッチを欠かしませんでした。集中力が必要なことですが、身体はルーティンが好きなので、いつも同じ時間に寝て、同じ時間に起きるようにしていました。食事にも気を遣いましょう。最高の燃料だけがF1マシンを走らせるのですからね。指の力も大切です。なぜなら、指はあなたと岩をつなぐものだからです。だから、しっかり鍛えるように。私は持久力よりもパワーを重視していました。パワーが向上すれば持久力も向上するからです。ただし、逆はありません。パワーを手に入れるのは大変ですが、一度手に入れてしまえば長く維持することができます。弱点を鍛えましょう。クライミングに関するあらゆることを学びましょう。そしてよいコーチを見つけましょう。最後に、目標に合わせてトレ

18 プロのアドバイス

英シェフィールドで開催されたクライミングイベントで登るメリッサ・ル・ヌヴェ © BAND OF BIRDS

ーニングを変えていくことを、いつも忘れてはいけません。

——あなたの世代のエリートクライマーと、今日のエリートクライマーとの違いは何でしょうか。

今日のエリートクライマーには、すばらしいトレーニング設備があります。ほかの人が何をやっているかも今は簡単に知ることができます。メンタル面では、私の時代と変わらないでしょう。可能なかぎりうまく登るために、ひたすらハードに取り組む。多くのことにおいて高い水準に達するためには、そうあるべきなのだと常にそう考えていました。

——あなたは世界で最も優れたクライマーであり続けたわけですが、最盛期の自分と今のエリートクライマーたちと比較してどう思いますか。

今日のトップクライマーのすばらしさときたら、本当に驚きます。彼らがオンサイトやレッドポイントしているものは、私にとっては信じられないですね。アレックス・メゴスやアダム・オンドラによるハードルートのレッドポイントを見ることができるのは幸運です。見ていて実に気分が爽快です。

自分のキャリアを振り返ってみると、始めたころは完全なアマチュアでしたが、最後のころにはコンペがあって、世界中を旅しながらクライミングをして糧を得ることができたのが幸いでした。最高の夢が叶いました。もし今のクライマーと張り合ったらどうかって？　いい線いっているでしょうが、トップにはなれないでしょう。

メリッサ・ル・ヌヴェ

ル・ヌヴェは、ボルダリングワールドカップで10個のメダルを獲得するという輝かしいキャリアを築いた後、コンペで私たちを魅了した強靭さをそのままに、ロッククライミ

ングの道へと進んだ。労せずして達成できる目標ではなく、あえて難しい挑戦をすることを選んだようだ。2020年には、フランケンユーラのアクシオンディレクトを女性で初めて登った。極小ポケットからの大きなダイノとなる最初のムーブは、身長の低い人にとってはかなり難しいことで有名であり、みごとな登攀だった。彼女はまた、Font 8b+/V14のボルダーも登っている。ポケットをつなぐ大きなムーブの課題、メカニック・エレマンテール（Mecanique Elementaire）だ。

——「ビーストメーカー2000」の中央のエッジでやる「5秒限界片手ハング」はどのくらいですか（どれくらいのウェイトを加えて5秒間ハングできますか）。

私は主にスモールエッジ（ビーストメーカー2000の外側のエッジ）に、そのときの調子に応じて2〜4kgのウェイトを追加して片手でぶら下がります。中央のエッジでウェイトを加えてみたことはありませんが、おそらく8〜10kgは加えられると思います。

——片手懸垂は最高何回できる？

2回半です。

——指の強化トレーニングでは何が好きですか。

最近は、5ムーブ課題をたくさん作ってやっていました。人差し指と中指だけを使い、次の動きの前に2秒間保持するのです。

——トレーニングで人々が最もやりがちな間違いは何でしょうか。

何をすべきか、なぜすべきかについて、行動前の計画がない。ウォーミングアップすらしない、長いハングで指の調子を整えることもしないで、自分の最大の力を出すようなハングをやろうとしている人をたくさん見かけます。

——上達したいと思っているクライマーにアドバイスを。

目標を決めて、その目標を達成するための
トレーニング計画を立ててください。

きちんと段階を踏んで、指の調子を保ちな
がら、できることを最大限に引き出せるよう
にしましょう。まずは長いハングをやって、
その後で何かに特化したトレーニングをする
のです。

楢﨑智亜

現在、世界屈指のコンペクライマーのひと
りだ。ボルダリングワールドカップの総合優
勝3回、ワールドカップのメダルの数はボル
ダリング、リード合わせて20個〔2020年〕。し
かも、Font 8b+/V14（Decided、瑞牆）を
フラッシュしている。彼の場合、岩場で登る
ことは数少ないというのに、そのうちの一回
でだ！ 楢﨑にとってはクライミングがたや
すいことのように見えてしまう。ダイナミッ
クなスタイルで知られ、ホールドを握ってい
る時間よりもそうでない時間のほうが多い。
また、ありえないような体勢から跳ぶことも、
跳んだ後にありえないような体勢になること
もできてしまうのだ。

──指の強化トレーニングでは何が好きですか。

シンプルに、カチ（クリンプの日本語だ!）
課題を登りながら、身体を安定させることを
意識することです。

──トレーニングで人々が最もやりがちな間違いは何
でしょうか。

なにか特定の技術を磨いたり、身体の一部
を鍛えたりして、気づいたらそれによって身
体のトータルバランスが崩れてしまっている
ことです。

──上達したいと思っているクライマーにアドバイス
を。

目の前の目標にフォーカスすることが大切
です。時には一旦落ち着いて、自分の環境や
身体のコンディションをよく見わたしましょ
う。それに合わせてトレーニングを変えてい
くのです。強くなることをめざして、常に正
しい方向に進めるようにしてください。

アレックス・メゴス

メゴスは世界最強のクライマーだ。世界で
初めて9a/5.14d（エスタード・クリティコ
Estado Critico、シウラナ）のオンサイトを
成し遂げ、また、史上2本目となる9c/5.15d
のルート（Bibliographie、セユーズ）も初
登している。複数のワールドカップ金メダル
と、いくつものFont 8c/V15ボルダー課題を
手に入れた、史上最高のクライマーのひとり
なのだ。幸運にも、彼と一緒にクライミング
やトレーニングをしたことが何度かあるが、
そのたびに私を驚かせたのは、その意欲と粘
り強さが、私がこれまで見てきた者をはるか
に超えるレベルだったことだ。彼は間違いな
くトレーニングを愛しており、とにかくあき
らめることを知らないのだ。

──「ビーストメーカー2000」の中央のエッジでや
る「5秒限界片手ハング」はどのくらいですか（どれ
くらいのウェイトを加えて5秒間ハングできますか）。

25kgのウェイトを加えてできたことがあ
ります。30kgだと3秒はできましたが、5秒
はいけませんでした。

──「ビーストメーカー」6mmマイクロスではどのく
らいの時間（もちろん両手で!）保持できますか。

いくらでも（^_-）。ちゃんと試したことは
ありませんが、1分は問題ないと思います。
指先は終わっちゃうでしょうけどね……。

──片手懸垂は最高何回できる?

英レイブントーのHubbleを登るアレックス・メゴス © FRANK KRETSCHMANN

18 プロのアドバイス

それぞれ6回以上はできないと思います。

——指の強化トレーニングでは何が好きですか。

気に入っているフィンガーボードトレーニングは2つあって、「ビーストメーカー」の中央のエッジを使う、ウェイトを加えた片手マックス・ハングと、パワーエンデュランスのための7：3リピーターです。いつもやるのは、7：3を4回やって2分レスト、それを計6セットです。

——トレーニングで人々が最もやりがちな間違いは何でしょうか。

「強み」は鍛えるのに、「弱み」はほったらかしにすることです。パワーのある人はパワーを鍛えて、テクニックのある人は垂壁ばかり登る。苦手なことをトレーニングするのは大変です。しかし、長い目で見れば、それがあなたを上達させてくれるのです。

——上達したいと思っているクライマーにアドバイスを。

とにかくクライミングに行きましょう！ 最初の5年くらいは、目的を絞ったトレーニングの必要はありません。そういうトレーニングは、強くなるための道のりのなかでも最終段階でやることです。まずは基礎づくりが必要です。そのためには数をたくさん登ることです。

また、トレーニングを増やすのはいいですが、やりすぎは絶対によくありません。キャンパスボードは勝ち負けを競うものではないし、フィンガーボードはレスト日にやるものではありません。

樹脂ホールドより木製のほうがよいです。いずれにせよブラシはよくかけなければいけません。

また、趣味的なボディビルディングや度を超えたウェイトリフティングは、クライミングの上達にはあまり効果がありません。

あとは、"Carrots for power"（ニンジン食って強くなれ！）ですね。

アレックス・オノルド

フリーソロの偉業で世界に名を知られるオノルドは、2017年フリーライダーを登り、史上初のエル・キャピタンのフリーソロに成功した。オノルドの名が世に知れ渡ることによって、クライミングの認知度も大きく高まった。彼のおかげでクライミングが「クール！」なものになったのだ。人類としては限界レベルの大胆さを持っているだけでなく、クライミングの技術についても9a/5.14d（アレステッド・ディベロップメント Arrested Development、マウント・チャールストン）を登るレベルの高さだ。

——「ビーストメーカー2000」の中央のエッジでやる「5秒限界片手ハング」はどのくらいですか（どれくらいのウェイトを加えて5秒間ハングできますか）。

これまで片手で成功したことはありません。なぜだかわかりません。ベストを尽くしてトライしているのに。体重の90％荷重のハングしかできたことがないんです。

——「ビーストメーカー」6mmマイクロスではどのくらいの時間（もちろん両手で！）保持できますか。

あれに本気で体重をかけたことがあったかな……。ときどき冗談で触ることはありますが。バターナイフにぶら下がっているみたいです。真面目な話、本気でやったら指先が切れるんじゃないですか。

——片手懸垂は最高何回できる？

今までの最高は、確か2回半ですかね。でも普段は1回くらいで、あまりちゃんとはできません。

——指の強化トレーニングでは何が好きですか。

バンでフィンガーボードトレーニング。アレックス・オノルド　© JIMMY CHIN

　最大荷重でぶら下がるトレーニングです。でも明らかに、これまでのほうが指を使ってましたけどね。しかし、バンでやるときはいつも、「ビーストメーカー」アプリのトレーニングメニューをやるだけです。ウェイトを加えることができないし、そのワークアウトは簡単だからです（プログラムに従うのが簡単という意味で、実際にやると私には恐ろしくハードです）。

──トレーニングで人々が最もやりがちな間違いは何でしょうか。

　計画がないということではないでしょうか。私がこれまでずっと取り組んできた「トレーニング」といえば、くたくたになるまでたくさん登ることでした。しかし、そこから発展させることもなかったし、計画もありませんでした。ベストな方法でないことは間違いあ

りません。

──上達したいと思っているクライマーにアドバイスを。

　その人のレベルによります。初級者から上級者までなら、やはりいろいろなスタイルのクライミングをたくさんやるのが最もよいと思います。しかし、エキスパート、エリートクラスのクライマーなら、効果的な方法といっても、もっとずっと複雑なものになっていくでしょうね。適切な方法で試せる課題を見つけるのも難しくなりますから。だって、メゴスやオンドラのような人が、岩場のクライミングだけでトレーニングしようとするのを想像してみてください。彼らにとって登りがいのあるルートなんて、世界中でほんのわずかですよ。

　ハングボードやトレーニングを、若いころ

英ティンタジェルのMerlin's Beardを登るショウナ・コクシー　© NED FEEHALLY

からもっと計画的に始めていたらなあと思います。ですが、残念ながら、そういうものがあまりない時代に育ちましたから（少なくとも、私が行っていた郊外のその辺にあるようなジムにはありませんでした）。

ショウナ・コクシー

私の妻だ！ ショウナはそのコンペ成績で名を知られる。ワールドカップでは金メダル11個、ボルダリングの総合優勝2回、そして初めてクライミングが正式種目となったオリンピックで最初に代表に選ばれたクライマーだ。また、岩場でも世界レベルであり、2014年にはマジックウッドのニューベースライン（New Base Line）を完登し、Font 8b+/V14を登った世界で3番目の女性となった。世界を遠征しながら多くのハードな課題を登っている。いうまでもないが、私はこれまで言葉にしてきた以上に彼女を尊敬している。たとえ、トイレの便座は下げておく派でも。

——「ビーストメーカー2000」の中央のエッジでやる「5秒限界片手ハング」はどのくらいですか（どれくらいのウェイトを加えて5秒間ハングできますか）。

最大で15kgくらいだと思います。今考えるとすごいですね。最近は体重だけで十分ハードに感じるので。

——「ビーストメーカー」6mmマイクロスではどのくらいの時間（もちろん両手で!）保持できますか。

わかりません。快適でないものを好んでやる主義ではないので。6mmなんてありえません！

——片手懸垂は最高何回できる？

続けて3回できたことがあります。ただ、いつも確実にできるわけではありません。で

きる日もあれば、できない日もあります。自分の場合、片手懸垂の能力はクライミングの能力と関係ないようです。

——指の強化トレーニングでは何が好きですか。

断然マックス・ハングです。限界に挑むというよりも、メンテナンスとしてやることが多いですが。だいたい、両手1回と片手1回のセッションを週に一度やります。

——トレーニングで人々が最もやりがちな間違いは何でしょうか。

クライミングとは登ることだということを忘れることです。強くなるためには、忍耐強く打ち込むことが必要ですが、うまくなるためにはさらにそれが必要です。クライミングでは、複雑な技術から心理的なものに至るまで、多くのスキルが必要です。それは単にハードなトレーニングをすればよいというものではなく、ひとりひとりが自分なりに築いていくことが必要です。本を読むだけで向上するようなものではないのです。でも、みなさんは運よく本書を手にして強くなる方法を学んだわけですから、少なくともひとつは解決しましたね。

——上達したいと思っているクライマーにアドバイスを。

目標を定めましょう。自分自身にとっての目標で、しかも達成可能なものです。大きい目標でも小さい目標でもよいでしょう。トレーニングをしているときは、その目標を忘れてはいけません。そして、いつも笑顔でいられる方法を見つけましょう。

FAQ

Q. ウォームアップはどのようにやったらよいでしょうか。

ネッド　自分自身のルーティンを作るのがよいでしょう。人それぞれ違いますから、万人に合ったウォームアップ方法というのは存在しません。私自身は、ホールドをめいっぱいハードに持てるよう指を温めて、身体を少し動かしてから登るようにしています。指をウォームアップするだけで岩や壁に飛びついても、ろくなことがないのはわかっていますから。まずは身体を少し動かしたりストレッチをしたりして、それから指のウォームアップをフィンガーボードでやります。登り始めるのはその後です。まずは傾斜のゆるい、やさしい壁から始めて、それから強傾斜でのハードなクライミングへと進みます。もちろん、スラブのためのウォームアップと、ルーフのためのウォームアップでは、やり方を変えますよ！

ショウナ　ウォームアップの重要性をよくわかっていないクライマーが多い気がします。私はウォームアップで、身体の調子をチェックしています。可動性、コンディショニング、フィンガーボードを合わせたルーティンです。通常、1時間をかけてやります。

Q. フィンガーボードはどのくらいの頻度でやればよいでしょうか。

ネッド　フィンガーボードだけではクライミングはうまくなりませんが、指の力を鍛えて悪いことはありません！　指のトレーニングで大切なのは、何年も続けることです。週に5回のフィンガーボードを2カ月続けたあとパタリとやめてしまうよりは、週に1回を3年続けるほうが効果的です。

短時間で集中したフィンガーボードセッションは時間効率がよいし、過度な疲労も残しません。週に2、3回なら無理なくできるのではないでしょうか（もちろん、最終的にそこまでいければいいと思います）。クライミングとも両立できるでしょう。

ショウナ　フィンガーボードは、私のトレーニングの柱のひとつです。通常、週に2回のセッションをします。第一には筋力維持のためですが、同時にケガの予防にもなっていると思います。

Q. 疲労のせいでクライミングセッションがちゃんとできなくなるのがイヤです。どのタイミングでフィンガーボードをやればいいでしょうか。

ネッド　筋力トレーニングは常に、ほかのトレーニングの前にやりましょう。フィンガーボードは筋力トレーニングですから、最もフレッシュな状態でやるべきです。

徐々にフィンガーボードのセッションに適応できるようになっていくでしょう。私は通常、まずフィンガーボードをやって、その数時間後にクライミングをします。これから岩場に行くというようなときでも、まずはフィンガーボードでウォームアップをして調子を見るようにしています。時間はかかりますが、そのほうがいいんです。

しかし、フィンガーボードの後にクライミングをする予定のときは、パワーエンデュランスのトレーニングを徹底的にやるよりも、もっと短時間で強度の高いハングをするほうがよいのはもちろんです。こうすれば、次の

仏フォンテーヌブロー Rocher Canon の La Baleine を登るマーティン・スミス　© NICK BROWN

セッションに備えて疲労を最小限に抑えながら、身体に十分な刺激を与えられるのです。私の場合は、ウォームアップとフルクリンプのマックス・ハングを3回すると、程よく身体の準備ができて、なおかつ、クライミングセッションのときにクタクタになっていることもありません。

ショウナ　フィンガーボードは、クライミングセッションのウォームアップとして使っています。このルーティンが確立するまでしばらくかかりましたが、今ではとてもうまくいっています。

Q. フィンガーボードで持ち方のトレーニングをするときは、どれくらいやったら次の持ち方にいってよいのでしょうか。

ネッド　私は普通、セッションごとに持ち方を変えるようにしています。だから、フルクリンプのセッションを2回、ハーフクリンプを1回、オープンハンドを1回、これらをすべて1週間のうちにやることもあるわけです。マンネリしないし、身体を定期的にさまざまな刺激に適応させることができます。

なにか特定のフィンガーボードエクササイズで確たる効果を得るためには、最低10セッションは必要だと思います。つまり5〜10週間くらいたったら、別のに変えることを検討しますね。もちろん、その持ち方でまだまだ向上できそうだなと思ったら、プラトーになるまではそれを続けて、それから別のものに移ります。

要するに、うまくいっているなら続ければ

いいということですよ！ 今のやり方ではもう効果が出ないとなったら、変えればいいのです。

Q. フルクリンプは鍛えるべきですか。

ネッド　一言でいうと、イエスです。絶対に。私の経験からいうと、フルクリンプを鍛えることには意義があります。フルクリンプを鍛えておかないで、必要なときにはできるだろうと期待するのは、ちょっとおかしな話です。フルクリンプができると、ホールドを下に引くだけでなく、強傾斜の壁で手をホールドの奥に入れて内側に引くことができます。そうするとムーブをはるかにコントロールしやすくなるのです。

　私はいつも、フィンガーボードでは親指を使わないクリンプ（ただし、ほかの4本はすべて屈曲させた状態で）のトレーニングをします。親指を使うと、甘皮を剥いてしまうので。親指なしでクリンプできれば、親指ありのクリンプもできます。ほかの4本の角度は同じだからです。

ショウナ　私はもともとハーフクリンプが得意ですが、フルクリンプについてはほとんどトレーニングしません。自分のフルクリンプが弱いと思ったことがないので、鍛える必要も感じていません。これは、私が登るのはもっぱらインドアで、ホールドがそれほど小さくて悪いということがないからだと思います。しかし、オールラウンドなクライミングや、岩のタイプによっては、フルクリンプができることは必須であり、弱いならば鍛えなければなりません。

Q. クライミングがうまくなるためには、片手懸垂ができなければなりませんか。

ネッド　そんなことないに決まってます！ 強いことと、うまいこととは、よく混同されますね。うまいクライマーというのは、あらゆる種類の技術、戦術、そして筋力に基づいたスキルを持ち合わせたクライマーのことです。片手懸垂の筋力があることが役立つのは、あなたにその筋力を有効活用するだけのスキルがある場合です。

ショウナ　まったくそんなことはありません！ 片手懸垂というものは、できたりできなかったりするものです。私も、1回もできない日もあれば、3回続けてできる日もあります。やればその場は盛り上がりますが、ハードなクライミングに欠かせないものではまったくありません。

Q. どうすればプラトーを脱出できますか。

ネッド　一般に、プラトーに陥るのは、同じことを変化をつけずに長い間やっているときです。だから、身体への刺激を変えることが、向上のきっかけとなるでしょう。多くのクライマーにとっては、もっとクライミングに行けばよいだけです。週に2、3回登っているなら、もっと頻繁に登るようにしてみましょう。登る対象を変える必要のあるクライマーもいるかもしれません。たとえば、もっと難しい課題に挑戦するとか。あるいは、なにか指の強化トレーニングを導入してみるとか。上級者であれば、もっとストレッチをして、それによって得られた柔軟性と可動性を使って登る方法を学ぶことで、大きな効果を得られるでしょう。

ショウナ　フィジカルでもメンタルでも、プラトーを避けるカギは幅広く取り組むことだと思います。いろいろなトレーニングをしたり、いろいろな場所を登ったり、変化をつけることがとても重要です。